今日からはじめる ハンギングバスケット

Enjoy Hanging Basket!

上田奈美 著

長く楽しむ つくり方とデザイン

農文協

CONTENTS

C O N T E N T S

[監修]武内嘉一郎(日本ハンギングバスケット協会常任理事)

[写真]赤松富仁

ハンギングバスケットことはじめ

The Elements

空*間*花*飾*り

ハンギングバスケットを
はじめませんか？

ハンギングバスケットは、
コンテナ（容器）で育てた草花を
吊るしたり壁に掛けたりして
空間を装飾する、
イギリスで有名な立体花壇です。
花壇やコンテナガーデン（鉢植え）
のように低い位置ではなく、
目にとまりやすい高さに飾るので
インパクトがあり、
一つあるだけで一瞬にして
その場が華やかになります。
また、広い庭のない小さな空間でも
花と緑を育て楽しむことができます。

ハンギングバスケットは根つき植物を使う
花飾りですから、植え込んだ時点が
完成形ではありません。
側面に植え込んだ植物と
上部に植えた植物が
日々生長し、調和しながら
姿を完成させていきます。
何よりも、長い間楽しみながら
観賞することができるのが魅力です。
これは、作製時点が完成形の
フラワーアレンジメントとは違い、
ハンギングバスケットならではの
醍醐味といえます。
本書では基本的なつくり方や
植物の選び方、管理の方法、そして
豊富な季節ごとの作品例を紹介します。
これを参考に、ぜひあなたらしい
素敵なハンギングバスケットを
つくってみてください。

はじめる前に
——ハンギングバスケットの特徴と、本書の内容

植物には過ごしやすい環境

ハンギングバスケットの長所のひとつは、移動しやすいところです。掛けたり吊るしたりできるので、広い庭がなくてもベランダなどで手軽に飾れます。極端に寒い時期や台風など雨風の強いときには、植物を一時保護するために室内に入れることもできます。

また、地面から離れているので泥ハネがなく、風通しがよく蒸れにくいので植物が傷みにくく、病虫害も少ないなど、植物にとっては居心地のいい環境といえます。

乾燥と落下には要注意

反面、高いところにあるので乾燥しやすいという短所もあります。強風や水やり忘れには注意が必要です。水もちがいいようにできるだけ大きめの容器を使い、土の容量を増やすなどの工夫が必要です。

また、移動しやすいということは、落下の危険もあるということです。人が通る所の真上には飾らない、飾るときは念入りに固定するなどの注意も必須です。

コストは高い?

ハンギングバスケットは容器の側面にも植物を植えて全面草花で覆われた形をつくります。そのため、普通の鉢植えよりも苗数・苗代が少し多めになります。でもその分装飾効果は抜群ですし、うまく植物を組み合わせると長く観賞することができるので、実際つくってみるとそれほどコストは苦にならないと思います。本書の作例は、通常の作品より苗を少なめに、でも十分なボリュームが出るように工夫したものを紹介しているので、参考にしてみてください。

6ヵ月コースと3ヵ月コース、どちらをつくる?

本書では、ハンギングバスケットの作品例を、6ヵ月コースと3ヵ月コースの2つに分類してご紹介します。

6ヵ月コースは、花期がとくに長く丈夫な草花を選んで植栽する作例です。使える草花の種類は限定されますが、シンプルながらもかなりの期間楽しめます。常にお花を絶やさず飾っておきたいとき、とても重宝するハンギングバスケットです。

3ヵ月コースは、6ヵ月コースよりも草花の種類・数を豊富に使用して、

豪華に季節感を演出する作例です。季節を感じさせる植物を多く使うのでその分観賞期間も限られますが、玄関や門扉など目立つところにおけば空間の主役にもなりますし、何より使用できる植物の種類が多く、個性的なデザインができるという魅力があります。

◀6ヵ月コースの例。植物の種類は限定されるが、シンプルなデザインを長く楽しめる

公共の場でも大活躍

ハンギングバスケットは個人邸だけでなく公共の場の景観装飾としても活躍しています。全国各地の街や公園、観光地などさまざまな公共施設が大型のハンギングバスケットで美しく装飾されています。

本書では、こうした公共の場でのハンギングバスケットの設置事例や、実現のための基礎知識も紹介します。

ではさっそく基礎レッスンからはじめていきましょう！

▶3ヵ月コースの例。観賞期間は短いが植物を自由に選んで個性的にデザインできる

◀公共のハンギングバスケットの例（河口湖オルゴールの森）

1 basket

容器

はじめはスリット式の壁掛け型がつくりやすい

ビギナーにおすすめ!

プラスチック製スリット式バスケット（壁掛け型）

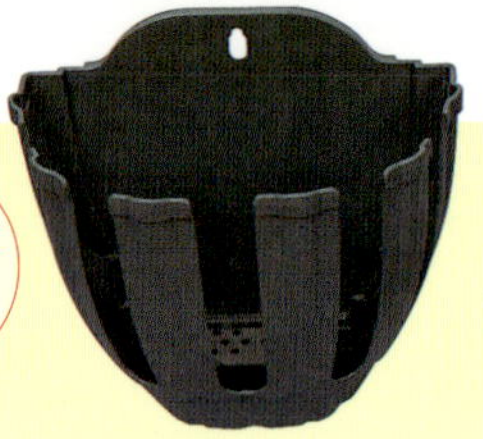

直径25cm

直径30cm

苗をスリットの上から落とし込んで側面に植えるので簡単。植えたときからボリュームがあり、すぐ観賞できる。プラスチック製なので土が乾きにくく水持ちがいい、繰り返し使うことができるなどの利点があり、作製も管理も便利（作製の仕方は12ページ参照）。はじめは小さい容器がデザインや植付けがしやすい。

リース型容器

いろいろな形や大きさがあり、形自体も楽しむことができる。金属製の網の内側に水ゴケや専用のシートを敷き詰めて使用する。とても乾燥しやすいので、水ゴケを使用する際は、その内側にビニールシートを1枚敷いてから土を入れる（作製の仕方は74ページを参照）。

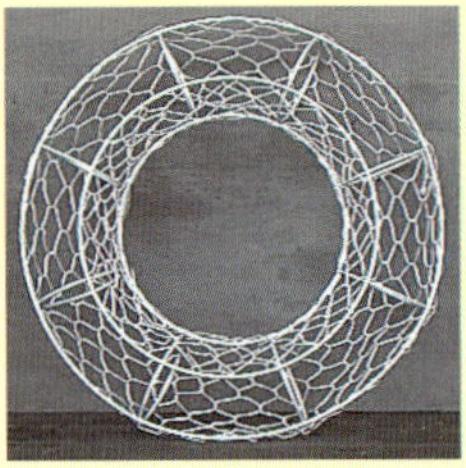

ラウンドタイプ

クレセントタイプ

形は壁掛け型と吊下げ型の2タイプ

さまざまな形や素材の容器があります。値段もさまざまです。

形としては、壁掛け型と吊下げ型の大きく2つに分けることができます。

壁掛け型とは、容器の背中を玄関や門扉などの壁面に掛けて楽しむハンギングバスケットです。パッと見ると、まるで大きな花のブローチが飾ってあるように見えます。

吊下げ型は360度どこから見ても植物が美しく見える四方見のタイプで、まるで花のボールのように華やか。ハンギングバスケットの醍醐味を最大限に味わうことができます。

ただし、吊下げ型には壁掛け型の倍の苗が入るので、完成品は重く、難易度もやや高くなります。まずは壁掛け型からはじめ、壁掛け型が作製できるようになったら、吊下げ型にもぜひ挑戦してみましょう。

ハンギングバスケットのタイプ

アイアンの飾りつきバスケット

水もちよくするため側面には水ゴケを張り、水抜け穴を開けたビニールを1枚入れてから植える。上部に植えるだけでも絵になる。

自然のつるでできたバスケット

全面を花で覆うのではなく、つるで編んだかごの部分を見せて作製するタイプ。側面のシートに切込みを入れると植物を植えることができる。水抜け穴を開けたビニールを1枚入れてから植える。

吊下げ型バスケット

プラスチック製（スリット式）

苗をスリットに落とし込んで側面に植えるので簡単。ビギナー向け。

ワイヤー製（シートに穴をあけて使用）

中敷きとしてココナッツシートなどを敷いて使う。

側面のシートに切込みを入れて植え込む。初めは少々手こずることもあるが、自由にデザインできるのが利点。通気性がよすぎるので、必ず水抜け穴を開けたビニールを1枚いれてから植える。（72ページ参照）。

素材はいろいろ、自由に選んで

容器の素材は、プラスチック製、アイアン製、自然素材のつるなどがあります。中に敷くシートはココナッツ（ヤシガラ）シートが一般的ですが、古紙、スポンジ、水ゴケ、山ゴケ等もあります。側面にも植え付けるハンギングバスケットの場合、植え付けた後は容器が見えなくなるので容器の外観は気にする必要はありません。ただし、中敷きシートに切込みを入れて作製するタイプは少し難しいので、初めての方にはつくりやすいプラスチック製のスリット式バスケットがおすすめです。

市販の容器にこだわらず、藤つるなどを編んで器をつくったり、流木をワイヤーで留めて容器にしたりと、オリジナルの容器に植え込むことも新鮮です。また、普段生活用品として利用している水切りカゴや、ペットボトルなどを再利用してオリジナル容器をつくることも楽しいでしょう。

2 soil

用土

市販の培養土でOK。保水性に気をつけて

軽すぎは禁物

ハンギングバスケットは、限られた量の土で乾燥しやすい高さのある環境で育てなければならないので、土の質はたいへん重要です。軽さばかりを求めがちですが、植物の体を支えるためには適度な重さがあり、水、酸素、養分などを十分供給できる土が必要です。

ハンギングバスケットにふさわしい培養土の条件は次のとおりです。

①十分な保水性がある
②排水性、通気性がよく根が酸素を取り込むことができる
③保肥性がある
④軽量である（高い所へ固定するため）

市販の培養土も質を確認

以上の点をおさえている用土として、いくつかの土をブレンドした市販のハンギングバスケット用培養土がおすすめです。ただ、なかには軽量化を追及したために、土がとても乾きやすいものがあります。軽すぎると感じたら、保水性、保肥性に富んだ赤玉土（小粒）等を加えましょう。逆に、重すぎる用土の場合、パーライト、バーミキュライト、ピートモスなどの改良用土を加えて軽くしましょう。

Check! こんな土はダメ

◆**砂状の土**
粒が小さく排水性が悪い

◆**庭土**
病害虫がいる場合があり、
通気性など土質も悪いことが多い

市販されているハンギングバスケット用の培養土

ハンギングバスケットやコンテナガーデンで利用される土

［基本用土］

●**赤玉土**：火山灰土の下層にある赤土が粒状になったもの。大・中・小の粒があるが、ハンギングバスケットでは小粒を使う。保水性、排水性、通気性、保肥性に富み、コンテナガーデンやハンギングバスケットの基本用土として幅広く利用されている。

●**腐葉土**：カシ、クヌギなど落ち葉を腐らせたもので、通気性、排水性、保水性がある。土中の微生物を増やし土を団粒化する働きもある。

［改良用土］

●**バーミキュライト**：ひる石を高温で焼成した人工用土。多層状の雲母質の薄い板の間に水を蓄え、保水性、通気性や排水性に優れ、軽く、ハンギングバスケット用土によく使われる。

●**パーライト**：真珠岩を急激に焼成した人工用土。保水性、排水性、通気性がよくたいへん軽量でハンギングバスケット用土によく使われる。

●**ピートモス**：湿地の植物などが長年堆積したもの。保水性、通気性がよく、腐葉土に似た性質を持っている。酸性が強いので、酸度調整済みのものを利用すること。

●**鉢底石（軽石）**：鉢底に入れて排水をよくし、軽量化をはかる。

●**水ゴケ**：作製の最後に、用土の表面に敷き詰める。土の乾燥を抑えるほか、水やりの際の土の流失を防いだり、バスケット内部の温度の急激な変化を緩和する保護の役割もある。

3 fertiliser 肥料

長期間元気に育てるスタミナ源。やりすぎには気をつけて

元肥は緩効性《かんこうせい》肥料を

ハンギングバスケットは根を張るスペース、養分を抱える土の量が少ないため、植物には不安定な環境です。そこで、肥料によって植物に必要な養分を少しずつ補いスタミナを保持します。

まずは作製時、少しずつ長期間溶け出す〝緩効性肥料〟をメーカー規定の割合で用土に混ぜます。ハンギングバスケットは乾きやすいので頻繁に水やりしますが、速効性肥料はそのたびに養分が流出し、効果が短期間で切れやすいので元肥には不向きです。

追肥は植物の様子を見ながら

ハンギングバスケットに使う花や葉を観賞する植物は、肥料を多く必要としません。逆に肥料（とくにチッ素分）が多いと伸びすぎて見苦しくなり病気の原因にもなるので、追肥は控えめに、必要なときだけ与えます。

例えば下葉が黄色くなったり、花数が減ったり花が小さくなったりと体力が落ちてきたとき。作製直後、短期間で太らせ早く観賞したいときも効果的。

追肥はすぐ効果が出る速効性肥料が最適。液体（液肥）と固形があり、私は肥効を調節しやすい液肥を使います。

リン酸の多い肥料をベースに

植物の生長に欠かせない肥料の三大要素はチッ素（N）、リン酸（P）、カリ（K）です（下図を参照）。

ハンギングバスケットは花をおもに楽しむので、リン酸分の高い肥料が向いています。葉を楽しむ作品には、全成分が均等の肥料を使います。

[肥料の三大要素のはたらき]

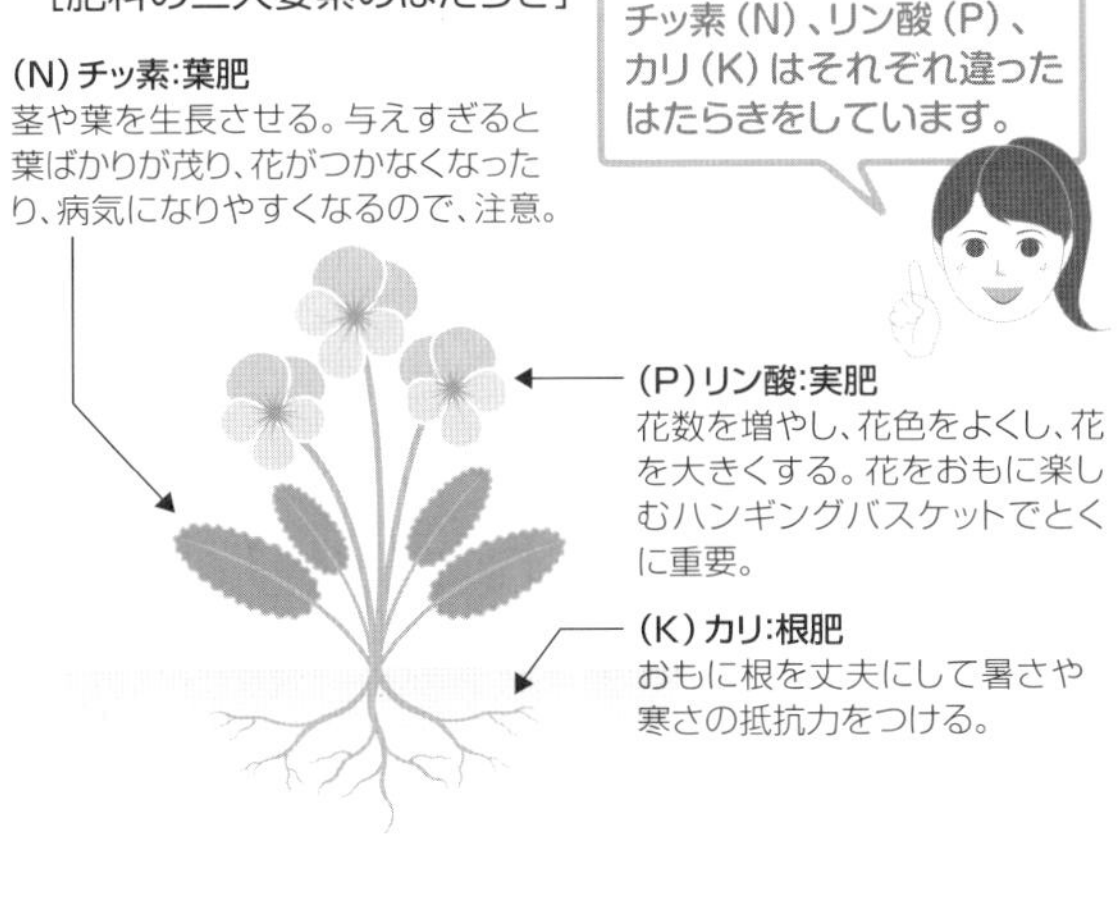

チッ素（N）、リン酸（P）、カリ（K）はそれぞれ違ったはたらきをしています。
(N)チッ素:葉肥
茎や葉を生長させる。与えすぎると葉ばかりが茂り、花がつかなくなったり、病気になりやすくなるので、注意。
(P)リン酸:実肥
花数を増やし、花色をよくし、花を大きくする。花をおもに楽しむハンギングバスケットでとくに重要。
(K)カリ:根肥
おもに根を丈夫にして暑さや寒さの抵抗力をつける。

Check!　間違いやすい追肥

◆**液肥は、かならず希釈率を確認**
高い濃度で施すと根が焼け、枯れてしまうことも。肥料の効果を高めたいときは、濃度を規定量より薄めに溶かして、施す間隔を短くすると効果的。薄めて使う濃縮タイプとそのまま使うストレートタイプがあるので確認してから使うこと。

◆**追肥は真夏と真冬には控える**
極端な暑さ、寒さに遭うと植物は一時生長を止めるので、この時期はあまり肥料に頼らず控えめに。

4 how to make

作製の手順

基本の壁掛け型 5スリットバスケット

では実際につくってみましょう。ここでは初心者でも楽に作製でき、完成した直後から楽しめる壁掛け型のプラスチック製5スリットバスケット（直径25cm）を使用しました。

植え付けるときに必要なもの

5スリットバスケット、スポンジシート、ハンギングバスケット培養土、緩効性肥料、鉢底石、水ゴケ

植え付ける植物苗

◆活力剤（メネデールなど）

Check!

ハンギングバスケットに使う苗は3号ポット以下の小さめのものが植えやすい。

［レイアウト図］

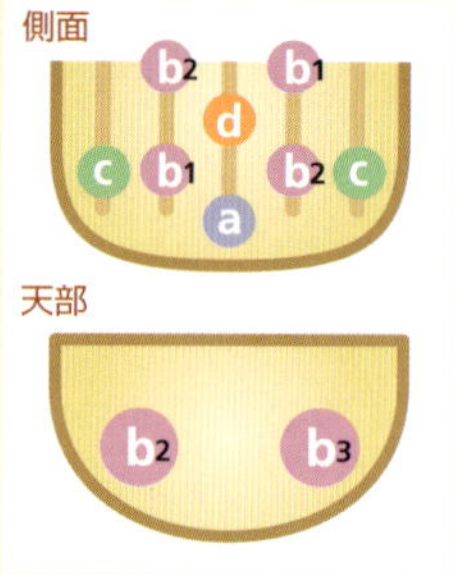

a アイビー…………………1株
b パンジー（b_1＝黄、b_2＝黄と紫、b_3＝タイガー模様）……計6株
c サントリーナ …………2株
d スイートアリッサム……1株

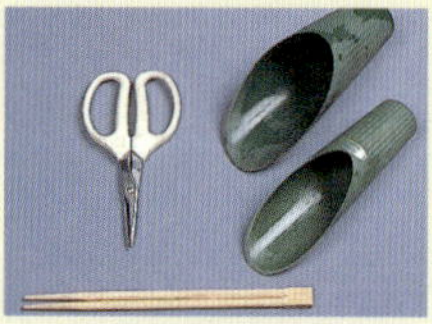

植え込む際に使う器具
土入れ、はさみ、細い棒（箸）

前準備

①スポンジシートのシールをはがし、容器の内側の溝にしっかり押さえて貼る。

②スリットから見えるスポンジの粘着部分はそのままだと植物の花びらや葉がつきやすいので、土をまぶしておく。

③スポンジの切れ目に手を入れ、植物が通せるようにする。

④培養土に元肥の緩効性肥料を入れてよく混ぜ込む。苗が土から水分を取られないように、土に差し水をして握って軽く形ができる程度の濡れにする。

植込み

⑤容器に鉢底石を入れる。底の穴が見えない程度、高さ2～3cmほどが目安。

⑥培養土を鉢底石が見えなくなるくらい入れる。

Check!

ここからは、容器をスタンドなどに掛け、目の高さで作製するとうまくつくれる。

⑦苗の配置を決める。苗をテーブルなどに並べて正面から見たデザインを決める。

Check!

5スリットバスケットの場合、苗を横一列に5つ並べるとお互いにぶつかりあって生長が悪くなるので、隣り合ったスリットの同じ高さには苗を並べないようにする。

⑧アイビーを手にとり、スリットに通しやすいように根鉢の肩の土を落とす。その際傷んでいる葉や虫は取り除く。次に苗を逆さにし、根鉢の底土を指で軽く落とし、状態をチェック。すぐ根の先端が出てくるようなら根崩しの必要はない（詳しくは83ページ）。

⑨苗を回しながら植物の顔（植物が美しく見える向き）を見つける（詳しくは83ページ）。植物が傷まないように苗の株元を手で支えながら、スリットの下端まで落とし込む。

⑩アイビーの左右にパンジーを、外側の左右にはサントリーナを同じように根崩しして植える。

⑪ここでいったん土を入れる。苗と苗、苗と器の間に細い棒を差し込み、てこの原理を利用して、すき間がないよう土をしっかりと奥に送り込む。

Check!

土の入れ方があまいと、水みち（水が一部しか流れない）ができ、枯れてしまう苗が出てくることも。ただし、固く詰めすぎないように。

⑫側面と同じように天部に植え込む。側面と天部の植物がつながって見えるように、前面の植物は直立ではなく、器の縁を隠すように前に傾けて植える。苗を全部入れたら、苗と苗の間にすき間なく土を入れる。

Check!

鉢植えでは鉢の縁から2cmほどは土を入れずウォータースペース（水しろ）をとるが、ハンギングバスケットは側面にも苗を植えるのでその余裕をつくれない。容器の縁すれすれまで土を入れる。

⑬土の流失を防ぎ乾燥しにくくするため、水ゴケを湿らせ、軽く絞って土の上にのせる。厚さ2cmほどにし、のせすぎないように。

⑭完成。活力剤を入れた水をたっぷり与えて苗と土をなじませる。

Check!

完成後2〜3日は、直射日光の当たらない半日陰で養生する。根崩しをして弱った植物の体力を回復させるため。植付けの際活力剤を与えると根の活性化・体力回復に効果的。

半年後の春の姿

苗のよび方

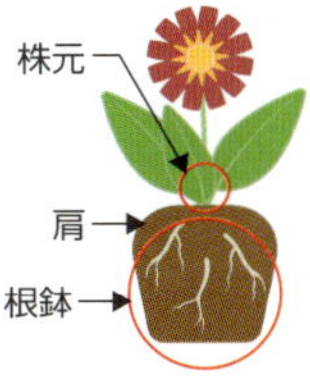
株元
肩
根鉢

植え込んだ時の断面図

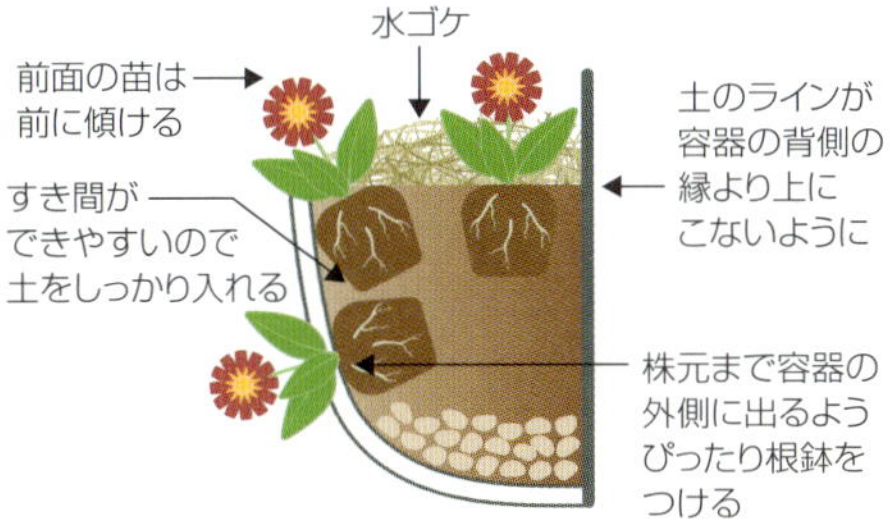
水ゴケ
前面の苗は前に傾ける
すき間ができやすいので土をしっかり入れる
土のラインが容器の背側の縁より上にこないように
株元まで容器の外側に出るようぴったり根鉢をつける

5 watering

水やり

コツは『ゆっくり&たっぷり』

乾きやすいのが弱点

植物にとって水はとても重要です。水やりの役割には、生命維持や生長に必要な水を与えること、水やりすることで土に新しい酸素を送り込み、根の呼吸をたすけることなどがあります。

ハンギングバスケットを枯らしてしまう最大の原因は乾燥です。ハンギングバスケットは目の高さ以上の風の当たりやすい場所に飾るため、花壇やコンテナガーデンに比べて、格段に土が乾きやすいという短所があります。また、容器の上部にウォータースペースをほとんど取れないことから、勢いよく水をやると土の表面を流れるだけで、水が中まで十分に行き渡らず、しまいには枯れてしまうのです。

失敗しない水やりのコツは、「ゆっくり」そして「たっぷり」株元にあたえることです。

土の乾きを確かめて行なう

水やりの回数は、季節によって、そして育てている環境によって調整します（陽あたりや高い所は乾きやすく日陰や低い所は乾きにくい）。土の乾きの状態に応じて、水やりができるようになるのが目標です。

目安は、春秋は朝1回、夏は朝晩2回、冬は暖かくなった昼間に1回です。

はじめのうちは水ゴケをめくって土をさわり、乾いていたら水やりします。慣れてきたら、バスケットを持ち上げたときの重さで、乾いているかチェックできるようになると便利です。水やりを十分にした直後の重さを覚えるとよいでしょう。

Check! **失敗しない水やりのコツ**

①側面に植えてある植物まで水がいきわたるように苗と苗の間の土全体を濡らすつもりで、時間をかけてゆっくり与える。花はなるべく濡らさない。
②容器の底から水が流れ出るほど、たっぷり与える。
③ジョウロで水やりをする場合、慣れるまではハス口をとって使う。シャワーでは葉や水が濡れるだけで奥まで水が浸透しない場合がある。
④表面の水ゴケが完全に乾くと水をはじいてしまうので、乾かしきらないように気をつける。乾ききってしまったら一度水ゴケを外して水に浸して復活させ、バスケットは日陰の低いところへ下ろして土の部分にたっぷり水をあげて回復させる。
⑤作製したばかりのときは土が流れやすいので、水は少しずつかける。筒先を手の平にあてて水を流すと、手の開き具合で水の量を調整することが出来る。

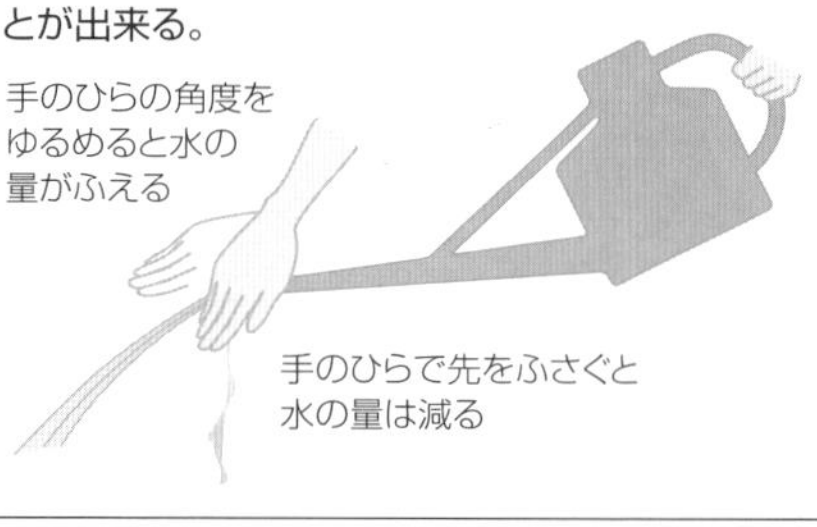

手のひらの角度をゆるめると水の量がふえる
手のひらで先をふさぐと水の量は減る

6 maintenance 基本のメンテナンス

摘芯、花がら摘み、切戻し、向きかえ

手をかけただけ応えてくれる

植物の好む環境で水と肥料をしっかり与えていれば、植物は少しずつ広がりふくらんできます。でも、それだけではきれいに整ったバスケットにはなりません。花数を増やし、形よくふくらませ、長持ちさせるには以下のようなお手入れも必要です。

摘芯（てきしん）

ピンチとも言います。植物の茎の先端（生長点）を摘み取ることです。まだ幼く枝数が少ないうちに行なうと切り口近くから側枝が伸びてこんもりと広がり、枝数、花つきも多くなります。

花がら摘み

花が咲き終わっても花びらが散らずに残っている花を「花がら」といいます。この花がらはこまめにとります。いつまでもつけておくと、見た目にも汚く、その部分が腐ったりして病気の発生の原因になったりします。また、そのまま種をつけると、種の結実に栄養を取られてしまうので新しい蕾がつきにくくなります。摘むのは花びらだけでなく、必ず、花茎の根元を含む花全体を手でねじるように摘むか、ハサミで切り取るようにしましょう。同時に傷んだり変色した葉も取り除きます。

［花がら摘み］

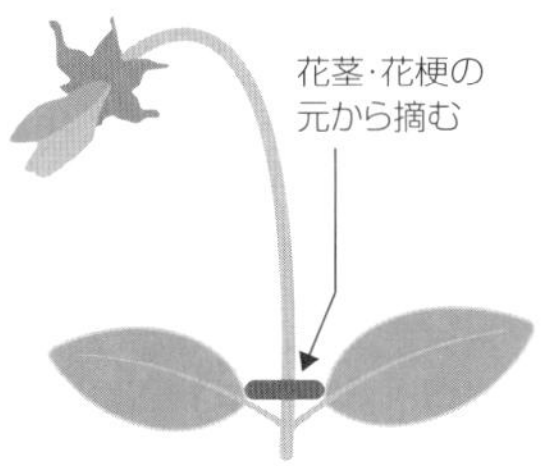
花茎・花梗の
元から摘む

［摘芯］

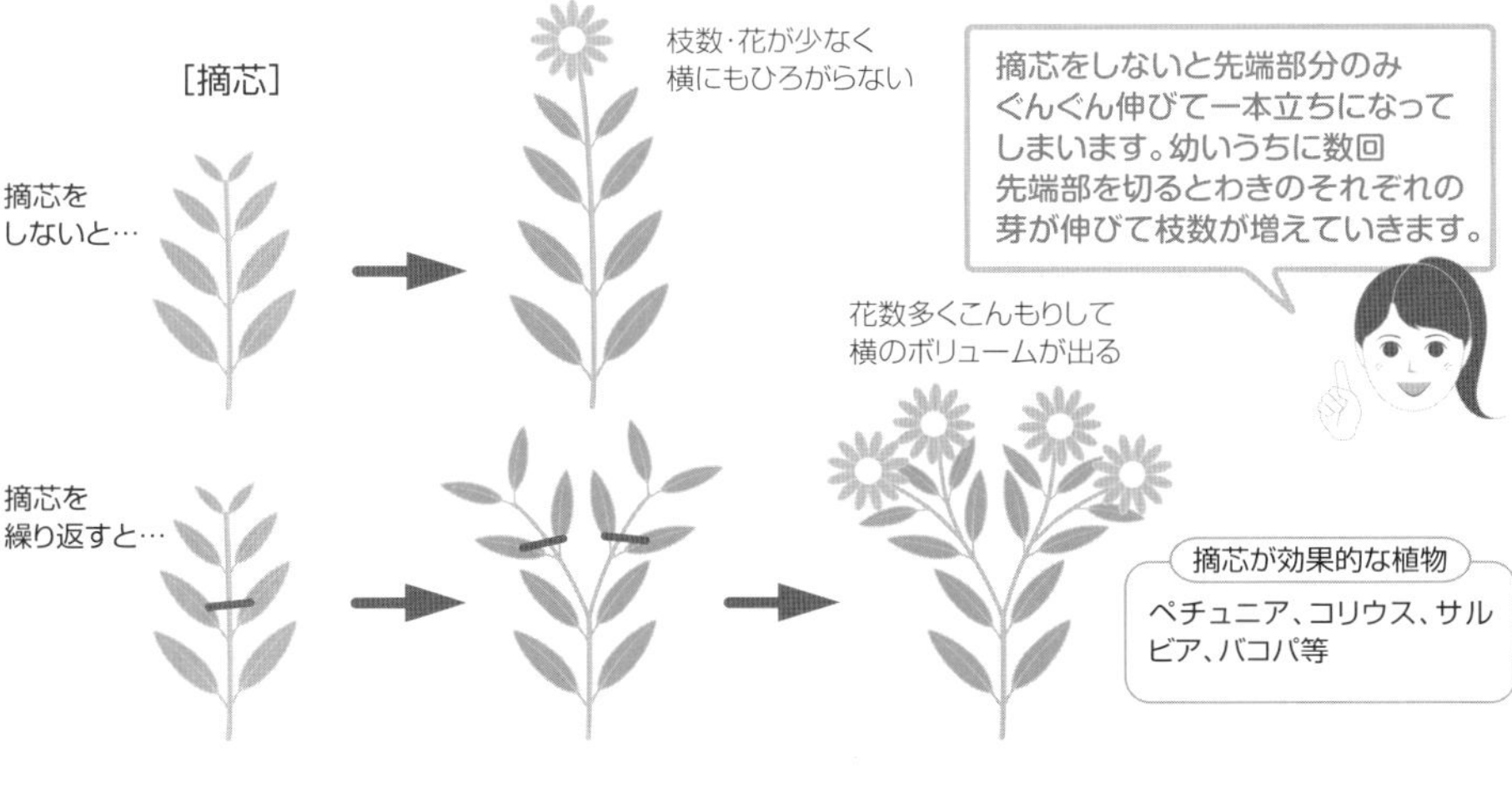
摘芯を
しないと…
枝数・花が少なく
横にもひろがらない
摘芯を
繰り返すと…
花数多くこんもりして
横のボリュームが出る
摘芯をしないと先端部分のみ
ぐんぐん伸びて一本立ちになって
しまいます。幼いうちに数回
先端部を切るとわきのそれぞれの
芽が伸びて枝数が増えていきます。

摘芯が効果的な植物

ペチュニア、コリウス、サルビア、バコパ等

切戻し

生長が旺盛で姿が乱れてきたり、暑さや寒さなど植物にとって厳しい季節を迎える前に、茎を短く切ってコンパクトにすると植物の負担を軽減し、再び美しく楽しむことができます。これを切戻しと言います。ハンギングバスケットの場合は、側面の植物は天部の植物よりも生長がゆっくりですので、側面はそのままか少しだけ、天部の植物を多めに（1/2〜2/3）カットするといいでしょう。開花期の長い植物ならほとんどできます。

切戻し前の姿

切戻し直後

2週間後

切戻しが効果的な植物

ベゴニア、ペチュニア、インパチェンス、ブラキカム、コリウス、スイートアリッサム、ロベリア、ゼラニウム等

向きかえ

太陽の光を求めて植物は生長し、太っていきます。吊下げ型のハンギングバスケットの場合は、何もしないと、日当たりとそうでない部分の差が目立ちます。ときどき、180度向きかえをすると均一に生長します。

壁掛け型は、側面下部の植物の生育が悪くなったり葉先が全部上を向いて、容器の底がまる見えになってしまうことがあります。この場合は数日間容器を寝かしておくと、容器の底も覆われて生長していきます。

［壁掛け型の向きかえ］

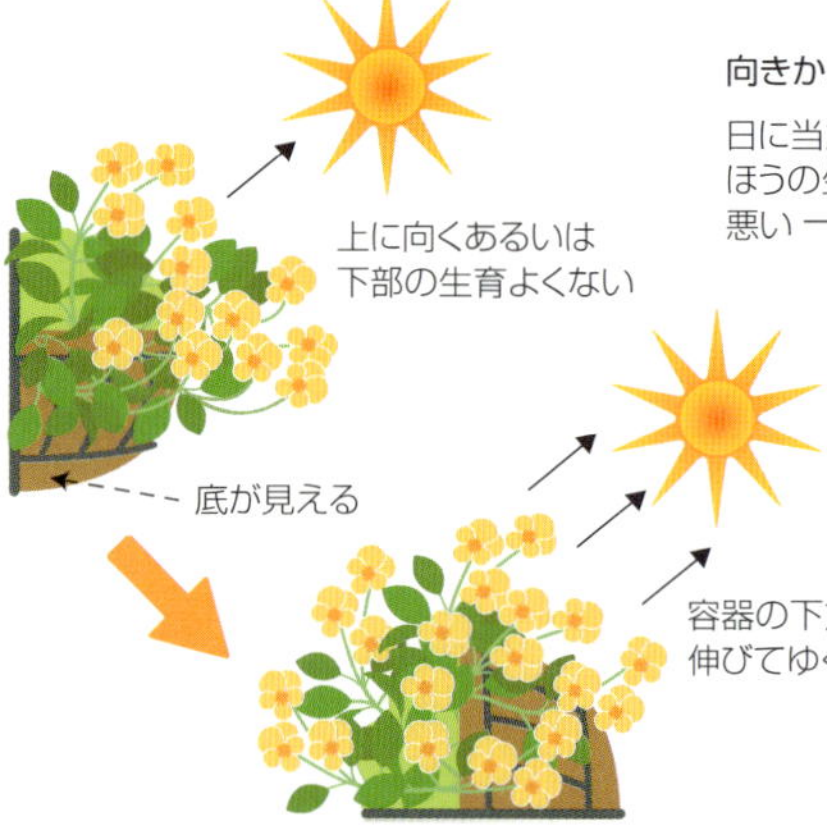
上に向くあるいは
下部の生育よくない
底が見える
容器の下方向にも
伸びてゆく

［吊下げ型の向きかえ］

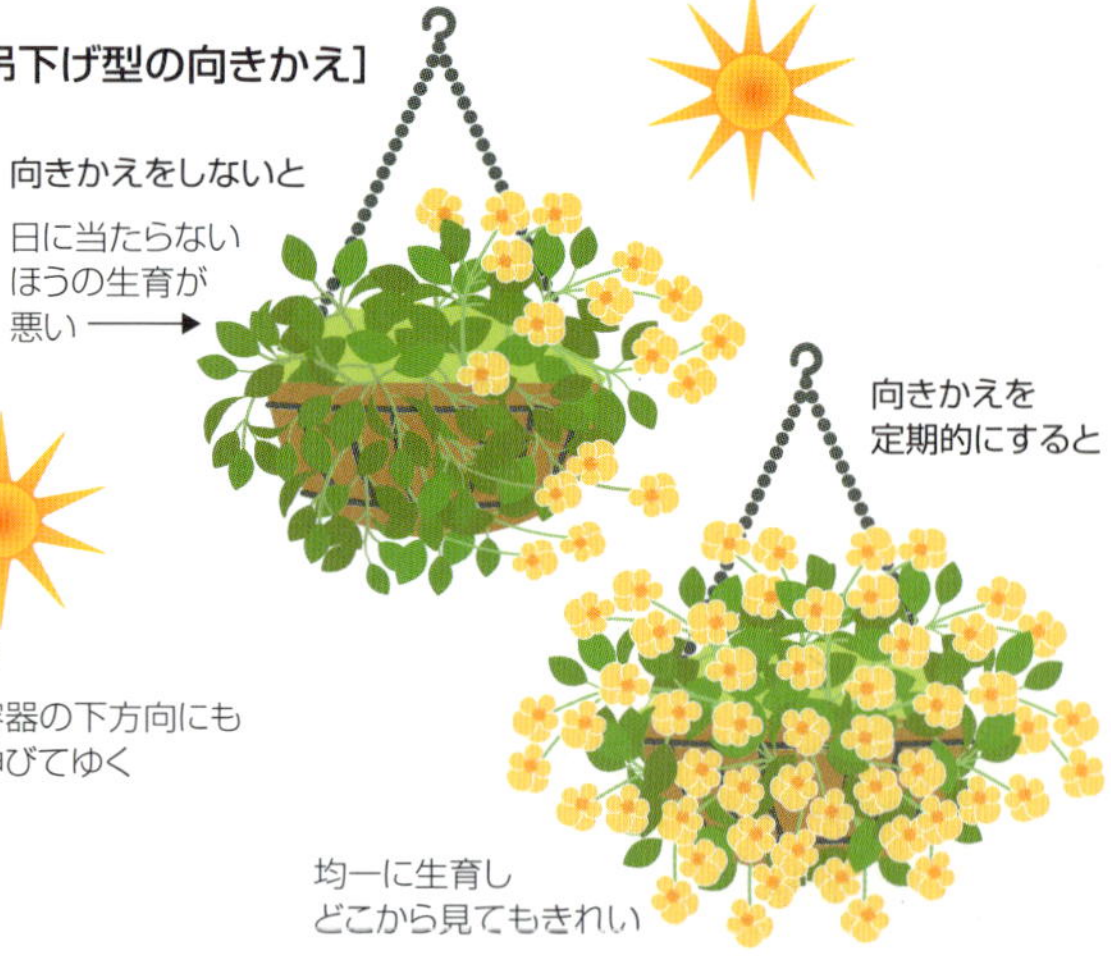
向きかえをしないと
日に当たらない
ほうの生育が
悪い
向きかえを
定期的にすると
均一に生育し
どこから見てもきれい

7 hanging 飾る場所

背景との調和を考えて。安全性を重視

素敵に飾るためには

ハンギングバスケットは華やかな花飾りとして、玄関や門扉などお客様を迎える場所、またフェンスやトレリス、外壁など道行く人が見える場所に飾ると、とても効果的です。そこで、飾るときには、周りの風景、雰囲気などをトータルに考え配置します。

統一感のある花材を使って、足もとにコンテナガーデン、目の高さにハンギングバスケットとセットで演出するとお互いの作品が引き立ちあい、より立体的に視覚に訴えることができます。花の色がごちゃごちゃしないよう、配慮することも必要です。

スタンドは安定性のあるものを

スタンドには、色、デザイン、材質などさまざまなものがあるので、スタンドを使う場合は置く場所の条件、背景などを考えて選びます。中には軽い素材でつくられているものもあるので、足元にコンテナを置くなどしてくれぐれも転倒しないように、十分に注意・確認して利用することが重要です。

[スタンドのいろいろ]

吊下げ型用
アイアン製で丈夫だが、あまり重いバスケットだと倒れることもある

吊下げ型用
下にコンテナガーデンを置けば安定性とデザインのバランスがとれる

壁掛け型用
装飾性があり玄関などに最適

壁掛け型用
下にコンテナガーデンを置いて安定させる。小型のバスケットなら2～3個掛けることができる

壁掛け型バスケットの製作用固定スタンド
そのまま飾ってもさまになり、持ち運び用にも便利

飾るときは安全第一

ハンギングバスケットを飾るときに一番気をつけなくてはならないことは、安全性です。

小さなバスケットでも水を含むと5、6kg程になります。高いところに飾ることが多いので、決して落下しないようにしっかりと固定して、事故のないようにすることが重要です。

壁掛け型：一般に金属製のS字フックを使用します。その場合、そのフックは何kgの重さまで耐えることができるのか、荷重の範囲を確認して利用します。ベランダの壁面に飾る場合には、万一のことを考え、必ず内側にかけます。また、風の影響も受けやすいので、S字フックだけでなくワイヤー、結束バンドなどを使い二重に固定しておくとよいでしょう。

吊下げ型：球状なので壁掛け型より重くなります。落下のないように十分配慮します。壁に取り付けるアームを選ぶ際にも、耐荷重を確認し、デザインだけでなく丈夫なものを優先します。とくに風の強い（台風などの）時は事前に必ず下ろしておきます。

S字フックとアーム

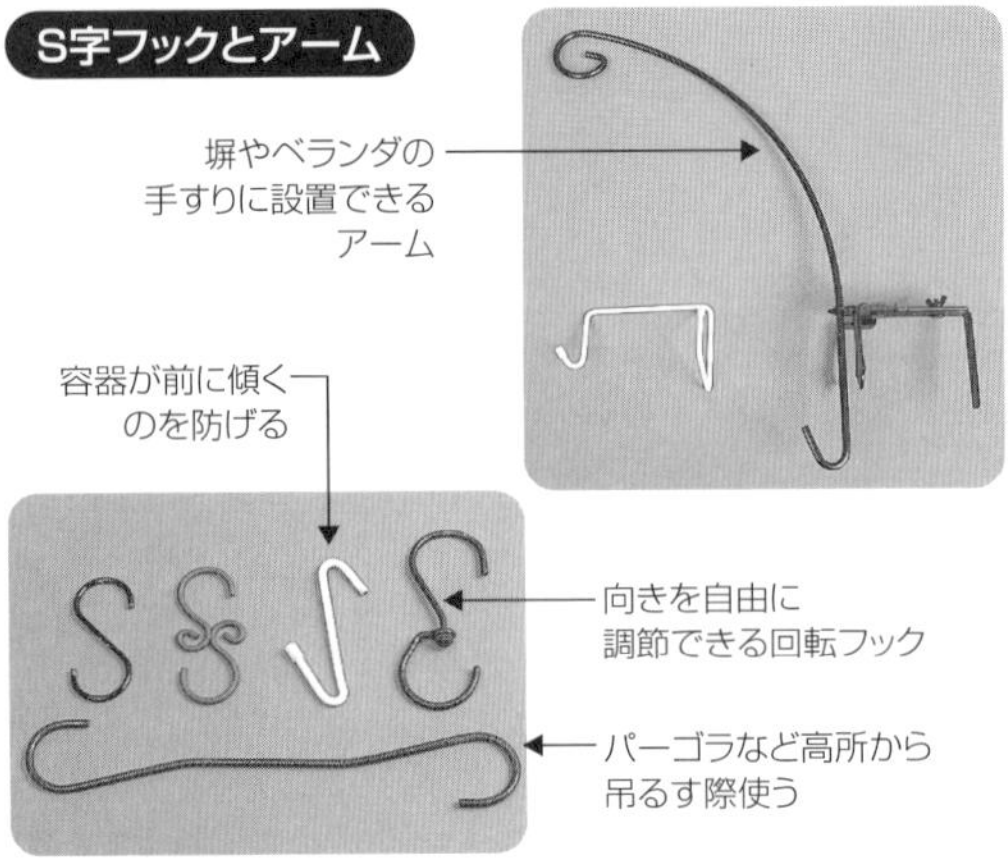
塀やベランダの手すりに設置できるアーム
容器が前に傾くのを防げる
向きを自由に調節できる回転フック
パーゴラなど高所から吊るす際使う

Check! 壁掛けはうつむきに注意

S字フックを使うと容器が下向きになり、一番下に植え込んだ植物に日が当たらずうまく生長しないことも。発泡スチロール片などを背面にはさんで容器を少し上に向かせると下の植物まで日が当たるようになる。

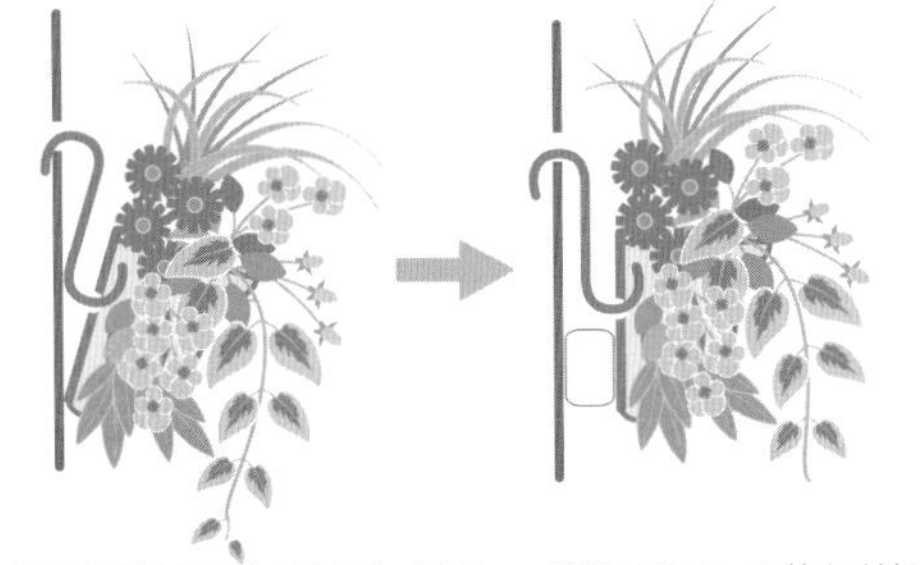

容器の重さで下を向いてしまうと植物の生育も悪くなる

発泡スチロール片などをはさむと安定した支えに

パーゴラに大型のS字フックをつけて吊り下げた例

デザイン入門

Designing

ハンギングバスケットの植物選びのコツ

どんな植物が最適?

ハンギングバスケットを美しい姿で長く楽しむためには、なんといってもはじめの植物選びが重要です。

園芸店に行くと、つい見た目のかわいらしさや好み、色のインパクトで植物を選んでしまいがちですが、まずはハンギングバスケットに向いているかをチェックしておきます。

ハンギングバスケットはひとつを長期間楽しみたいので、花を観賞するものの場合は、開花期が長いことが求められます。また、基本的に丈夫な性質であることも、長持ちさせる上でのポイントです。ハンギングバスケット向きの植物を一覧にしたリストが95ページからありますので、参考にしてみてください。

Check! ハンギングバスケットに使う植物選びのポイント

向く植物	向かない植物
● **丈夫で育てやすい** ● **開花期が長い** 2週間程度の短期間で開花期が終わってしまうのではなく次から次へと花が咲くもの ● **生育スピードが早すぎない** もしくは多少早くても切戻しによって整えることができて、再び美しい状態に戻せるものがよい	● **生長するにつれ草姿が乱れ全体のバランスを崩すもの** ● **繊細な植物** 根が弱く移植を嫌うもの ● **花期が短い** キク、キキョウなど

Check! よい苗の選び方

よい苗
葉色もよく
イキイキとしていて、
病害虫がついていない
節と節の間が
しまっていて
まのびしていない
株元がぐらついていない
悪い苗
ひょろひょろ
徒長している
枝数、花数が少ない
葉の色が薄い
下葉が枯れている
虫食いの跡などがある
株元がぐらつく
茶色になった根が
出てきている(老化)

植物の上手な組み合わせ方

主役の植物を決める

まずは色や季節などのハンギングバスケットのテーマを考え、主役となる植物を決めます。

添えの植物は主役に合わせる

次に、主役をひきたてる添えの植物を考えます。主役となる植物の性質を調べ、添えの植物は①日照、②水の条件、③温度の好み、④開花期間などが主役と似通ったものどうしで組み合わせる必要があります。

違う種類の植物を1つの容器で共存させるので、好きな環境が似たもの同士を選ぶのが基本。チェックする条件を下の表で詳しく見ていきましょう。

Check! 植物の性質ここを確認

1 日照
日向を好むのか日陰を好むのか

◆**日向を好む植物**
秋～冬:パンジー、ビオラ、ストック、プリムラ、スイートアリッサム、宿根ネメシアなど
春～夏:ペチュニア、ベゴニア・センパフローレンス、バーベナ、ランタナ、ジニア、センニチコウ、マリーゴールド、カリブラコアなど
◆**日陰を好む植物**
春～夏:インパチェンス、ギボウシ、グレコマ、アナナス類やドラセナ類など直射日光を苦手とする葉の美しい観葉植物

2 水の条件
乾燥を好むか湿った状態を好むか

◆**乾燥を好む植物**:多肉植物
◆**湿り気を好む植物**:水辺の植物

特徴的な環境を好むこの2種は、他の植物と一緒にせず必ず同じグループのみで組み合わせます。

3 温度
植物に耐寒性、耐暑性があるか

真夏・真冬に観賞するものをつくる場合、とくに気をつけます。
◆**耐寒性あり**:冬の寒さの中でも外で葉を落とさず開花、生長し続けるもの
◆**耐寒性なし**:霜が降りると寒さで枯れてしまうもの
◆**耐暑性あり**:夏の間中、咲き続けるもの
◆**耐暑性なし**:夏の暑さの前で開花が終わってしまうもの

4 開花期間
観賞時期が重なるものを組み合わせる

使用する花が短期間に咲き誇り終わってしまうものなのか、次々と繰り返し花が咲き出すものなのかを調べ、開花期もしくはその植物が美しく観賞できる期間を合わせておく必要があります(詳しくは31ページ参照)。

植え込む位置で植物たちの棲み分けを考える

上部は乾燥、下部は過湿になりがち

同じ環境を好む植物同士を選ぶのが最初の基本ですが、ひとつのバスケットの中でも、場所によって大きく環境が違うことにも気をつけましょう。

大きく分けると①天部と側面上部、②側面下部の2つの違いがあります。①の部分は日当たりや風通しがよく、どんな植物でもそれなりに順調に育ちます。②の部分は多少日当たりが悪くジメジメしがちで、植物に少々ストレスがかかります。

②の側面下部には、根傷みしやすい繊細な植物や、乾燥を好む植物は避けたほうがいいでしょう。つる性の葉を観賞するもの等、強健な性質で、丈夫な植物を選ぶようにしましょう。

[バスケット内の環境の違い]

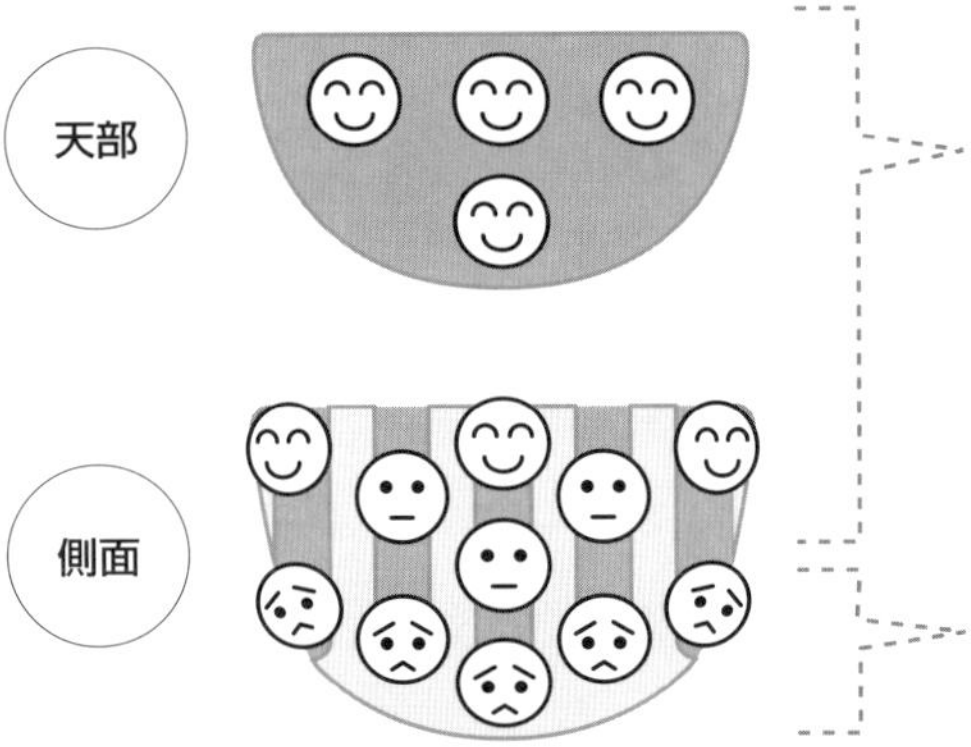

①上部（天部と側面上部）
植物の生育によい環境
- ◆日当たりよい
- ◆風通しよい
- ◆上に十分に空間があるのでのびのび生長できる

②下部（側面下部）
植物の生育に少々厳しい環境
- ◆日当たり悪い
- ◆風通し悪い
- ◆水の量が足りないと下部まで水が行き渡らず根が乾き枯れてしまう
- ◆水を与え過ぎていると乾燥を好む植物は根腐れをおこすことがある
- ◆上の植物の重みで根傷みしやすい

Check!

側面上手がハンギングバスケット上手

②の側面下部は水やりの上手下手がいちばん出やすい部分。水やり不足だと水が届かず乾燥で傷みやすく、逆に水が多すぎると根腐れで苗が抜け落ちることも。生育がおかしいときはまず水やりの仕方を見直してみて。
側面下部を上手に育てるには、16ページで紹介した容器を寝かせて養生させる方法をとると効果大。

①のうち、
天部は一番に乾燥しやすい位置なので、
湿り気を好む植物は不向きです。
また、生育旺盛で横や下に伸びすぎて、
下の植物を覆ってしまうものも向きません。
ただし、途中で他の植物のじゃまに
ならないよう切戻しをすれば、
使ってもよいでしょう。

植物の形態を理解して組み合わせ、デザインする

生長の仕方を考えてレイアウト

植物は、日々育てていく段階で形を変化させて生長していきます。立体的に植栽をデザインするハンギングバスケットでは、植物が今後どんな形で生長していくかを知っておくことは、レイアウトをする上でたいへん重要です。

これを知らないと、はじめはきれいに植栽できても、生長するうちに植物が思わぬ伸び方をしてしまい、全体の形が崩れてしまうこともあります。

下の図のように、植物の生長の形は、だいたい3つのタイプに分けて考えることができます。ハンギングバスケットでのそれぞれの基本の配置場所を知っておきましょう。

面をつくって生長していく植物
上下・左右、比較的均等に枝葉を伸ばし、面をつくってこんもりと伸びていくタイプ（おもに天部・側面上部にレイアウト）
[植物例] パンジー、ビオラ、ペンタス、コリウス等

上に背を伸ばしていく植物
ハンギングバスケットの中で、印象的でアクセントとなり、広がりや大きさを演出する（おもに天部にレイアウト。統一感を出すため側面に植えることも）
[植物例] アンゲロニア、サルビア、セロシア、ドラセナなど

下垂して伸びていく植物
茎の伸びが旺盛で下に伸びていくもの（おもに下部にレイアウト）
[植物例] ヘデラ、ツルニチニチソウ、ワイヤープランツ、イポメア、ヘリクリサム、グレコマ、ヘンリーヅタ、バコパ、テイカカズラなど

ハンギングバスケットでは、
通常の花壇と違い、
植物を90度倒して側面にも植えます。
こうすると、
まっすぐ上を向けて植えたときとは
生長の仕方に違いがでてきます。
はじめて使う植物は、植える前に
苗を横に倒して、生長の仕方を
観察してみるのもいいですね
（詳しくは80ページ）。

センスよく、調和のとれた色彩にデザインする

色彩の基本

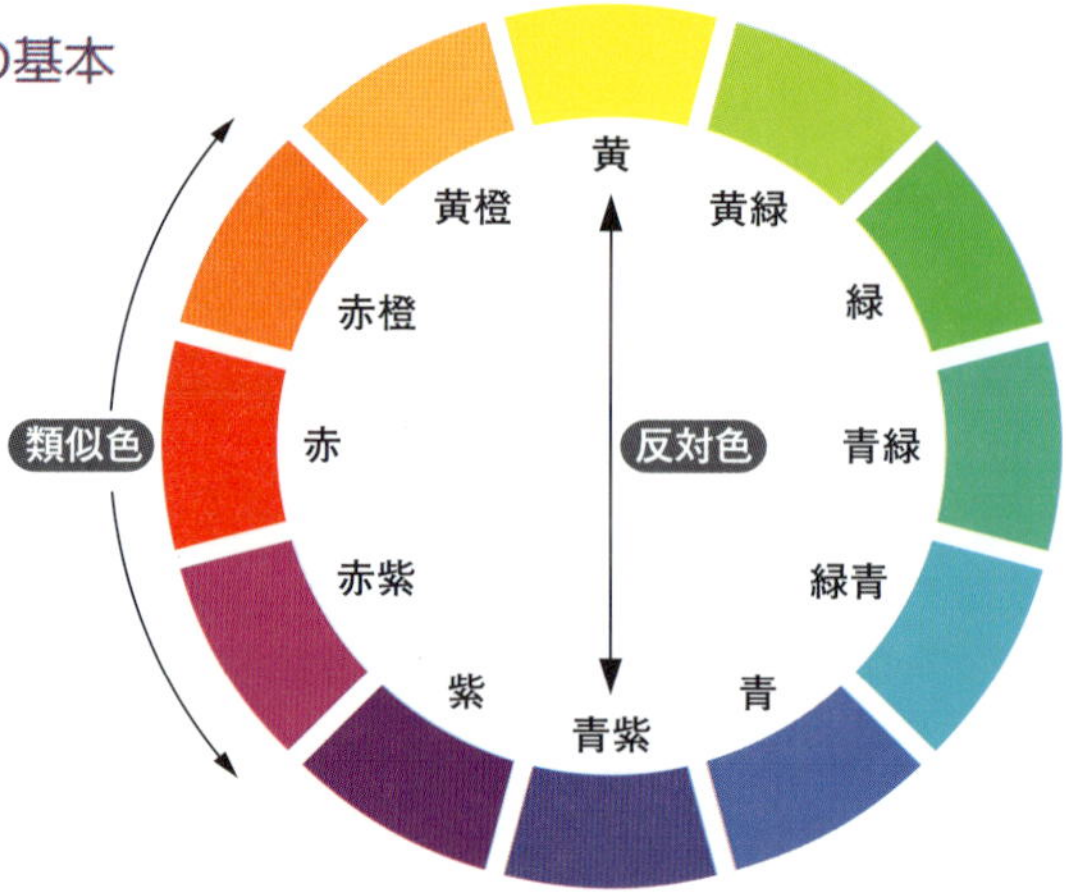

黄
黄緑
緑
青緑
緑青
青
青紫
紫
赤紫
赤
赤橙
黄橙
類似色
反対色

カラーサークル 色同士の関係を環状に表したもの。

隣りあう色同士は性質が似ていて、組み合わせたとき相性がよい（類似色）。

また、正反対に位置する色同士は反対色（補色）といって、コントラストがはっきりしていながら、調和もする組み合わせになる。

基本を生かした色合い

白を効果的に使った例▲
紫色から淡いピンク色の類似色のグラデーションの中央に白いペチュニアをレイアウトすることで、全体が立体的に明るくなった

同系色の組み合わせの例▲
淡いピンク色のペチュニアと濃いピンク色のゼラニウムを合わせた、やさしい色合い

▶反対色の組み合わせの例
黄色のユリオプスデージーに濃い紫色のペチュニアを組み合わせたあざやかな色彩

季節を演出する色合い

春～パステルトーン▶
ピンクと薄紫に白を
ふんだんに組み合わせて
全体をふんわりしたイメージに

夏～ビビッドな原色系▲
赤をテーマにした配色と
観葉植物のツヤツヤした葉が
夏の日差しを演出

秋～くすんだ色合い▲
オレンジのジニアに
ダークトーンのカラーリーフを
組み合わせて秋らしく

◀
冬～雪・クリスマス・お正月
雪の結晶のようなシロタエギクを
リース型に植え、
クリスマスリースらしく

テーマカラーを決める

作品をつくるとき、より華やかにしたい気持ちから花色を欲張ってしまい、その結果色がごちゃごちゃになり、まとまりが悪くなることがあります。

洗練された作品にするには、まずテーマカラーを決めましょう。これに色を加える場合には同系色、反対色などテーマカラーと調和する色を選ぶことからはじめると失敗がありません。

色彩の基本テクニック

人が目に見て心地よいと感じる色使いにはいくつかのパターンがあります。代表的なものを紹介します。

①同系色・類似色の組合せ

赤とピンクのような同じ色の濃淡（同系色）、また、黄色と黄緑のような、カラーサークルで隣り合う色の組み合わせ（類似色）は、落ち着いた調和のとれた色彩になります。

②反対色（補色）の組合せ

①とは逆に、カラーサークルで正反対に位置する色の組合せは、お互いの色を引き立てあいながらもインパクトの強い色彩になります。

③白を効果的に使う

白はどんな色とも相性がよく、あたかも光がさしているかのように全体を明るくする効果があります。

背景を考える

ハンギングバスケットは、飾る空間をぱっと華やかにする大きな効果があります。その効果を最大限に引き出すには、背景となる空間に映える色彩にすることが大切です。

背景が無機質で色に乏しい空間なら色彩豊富な華やかなデザインに、逆に背景が色にあふれた空間なら、1〜2色のシンプルなデザインに、など、なるべく背景からバスケットが目立つよう工夫してみてください。

季節を演出する色合いを工夫

日本は四季に恵まれ、それぞれの季節を通じて、人が思い浮かべる色、落ち着く色があります。こうしたシーズンカラーを選んでつくると、その季節の景色に自然に調和し、季節感を演出することができます。

①春は柔らかいパステル調の色

②夏には強い陽射しの中でも映える鮮やかなビビッドカラー

③秋には枯葉を想像する黄昏色のダークカラー

④冬は雪やクリスマス・お正月をイメージさせる白・赤系

夏や冬など人間にとって厳しい季節の場合は、それを和らげてくれるような逆の色合いも効果的です。

夏…涼しげな白や水色等の寒色系

冬…オレンジ等の暖色系や、色に乏しい背景に映える原色系等

多彩な葉もので個性を出して

葉もので作品の表情が決まる

葉を観賞する植物（葉もの）は、花の添え役として簡単に思われがちですが、実際は、作品に動きやボリュームを加えたりして、作品の表情をつくる重要な役割を果たしています。

葉ものには大きさ、形、色、模様、質感等々実にたくさんの種類があり、無限の組合せがあります。また、クリスマスにはヒイラギ、お正月には和の雰囲気を出す葉ボタンやナンテンなど、季節感や風情を感じさせるものも多いのが特徴です。まさに、作品の個性は葉ものの選び方次第とも言えます。

使うときは性質をチェック

ただ、気をつけたいのは、多彩な品揃いの分、性質もさまざまということです。どれも年中使えるというわけではなく、花と同じように原産地の環境の違いにより、適応する気温、環境に違いがあるので、季節ごとの使い分けがとても重要です。

たとえば、夏によくつかう観葉植物と一般に呼んでいる種類は、熱帯・亜熱帯原産が多く寒さに弱いため、戸外での観賞期間は、5月～10月末ごろまでです。

一方冬に活躍する葉ものもあります。耐寒性があり、寒さの中でも葉を落とさない常緑植物、針葉樹類等の木本（コニファーなど）は冬の季節感の演出効果も高くよく使います。もちろん季節にかかわらず、一年を通して利用することのできる葉ものも数多くあります（表を参照）。

丈夫さを生かして心強い味方に

葉ものは丈夫な性質です。葉ものだけでつくるハンギングバスケットは、花がら摘み等の手間もなくいつもみずみずしい姿が楽しめ、重宝します。株分けや挿し芽で増やせるものも多いので、お気に入りの葉ものは増やしてストックしておくと便利です。

季節による葉もの使用一覧

一年中使える定番葉もの
ヘデラ、ヘリクリサム、テイカカズラ、ワイヤープランツ、ツルニチニチソウ、ロニセラ、ヤブラン、リュウノヒゲ（黒竜、白竜）等

初夏～晩秋に活躍
ドラセナ類、デュランタ、イポメア、カラジウム、プレクトランサス、リシマキア・ヌンムラリア、エレンダニカ、フィカスプミラ、ラミウム、グレコマ、ギボウシ、ヒューケラ、ベアグラス、コリウス、カレックス、アルテルナンテラ、ススキ等

冬の季節感を演出
葉ボタン、シロタエギク、モクビャッコウ、セネシオレウコスタキス、コニファー類、プラティーナ、ナンテン、ヒメヒイラギ、コニファー類、ヤブコウジ、ツルマサキ等

おすすめの個性的な葉ものたち

モクビャッコウ
柔らかいボリュームがあり、冬の寒さの中で映えるシルバープランツ

ヒペリカム・ゴールドフラッシュ
明るい緑からゴールド、オレンジへ美しく紅葉する

ストロビランテス（観葉植物）
直射では焼けてしまうが、半日陰では紫色が上品で素敵。白やピンクのインパチェンスなどと合わせて植えてみたい

ヤブコウジ（斑入り）
特に斑入り種がおすすめ。周年使用することができ、丈夫。夏に小さな花をつけ、暮れには赤い実をつける

ステレオスペルマム（観葉植物）
柔らかい線と照り葉がとても美しい。ふわっとした空気感を出すのには最良

ハニーサックル
レモン色の葉にゴマの斑入り。つ〜んと茎が伸びて、ハンギングバスケットの動きを出すのに、とても重宝

ペペロミア（観葉植物）
個性的な模様&色が豊富にあり、使い勝手がよく、いろいろなバスケットに使えそう

ロニセラ・レモンビューティー
レモンライムと濃グリーンのツートンで夏に爽やかさをだすのに最適

四季の作品集

Examples

6ヵ月コースと3ヵ月コース どちらをつくる？

本書では、ハンギングバスケットを2つのコースに分けて紹介します。1つはシンプルで長持ちする6ヵ月コース、もう1つは季節感満点の華やかな3ヵ月コース。ここではそれぞれの魅力と注意点をまとめました。

6ヵ月コース 長持ちエンジョイコース

一度つくったハンギングバスケットが半年もの長期間観賞できるとしたら、とても経済的、効率的です。このコースでは長期間楽しめる植物同士を選び、うまく組み合わせて最大5～6ヵ月観賞できるデザインを紹介します。

この6ヵ月コースは大きく2つのシーズンに分けられます。まず晩秋から春にかけて、耐寒性のある植物を選び組み合わせるシーズン。この時期は植物の生育も緩やかで、美しい姿を保ちます。もうひとつは、初夏～秋にかけてのシーズン。前者に比べて、植物の生長が旺盛で姿形が乱れてきてしまいますので、途中で1～2度、切戻しを行なうことでこの6ヵ月間楽しむことができます（関東以西の場合）。

6ヵ月コース作製・管理のポイント

①花期が長く重なっている植物同士、生育環境の好みが近い植物同士で組み合わせる。

②1つの作品に使う植物の種類を少なくする。

③生長を見込んで、密植せずに株間を十分にとる

④主役となる花の開花期間のはじめに作製する

⑤追肥・花がら摘み・切戻しなどのメンテナンスをまめに行なう

3ヵ月コース 季節エンジョイコース

日本には四季があり、季節の流れを感じて暮らしていきたいものです。そこでより季節感を演出するのがこのコースです。

6ヵ月コースのように植物を限定せず、幅広くさまざまな組合せをするので観賞期間は短くなりますが、玄関や門扉などを1点で華やかに飾りたいときにおすすめです。

春はパステルカラーの可憐な草花、夏には涼しげに観葉植物を中心に、秋にはトウガラシなどを使って実りの秋を演出、冬にはクリスマスやお正月を意識してナンテンや葉ボタンを使って植え込むなど、季節の個性が際立ちます。

6ヵ月コース向き 草花の開花期カレンダー

開花期

6ヵ月コースの作製シーズン

この表は関東以西を基準にしています

6ヵ月コースを期間いっぱいに楽しむには、作製する時期を逃さないことが大切です。たとえばパンジーを3月に植えても3ヵ月しか楽しめません。晩秋〜春のコースは11〜12月、初夏〜秋のコースは5月上旬など、作製時期の“旬”をおぼえましょう。

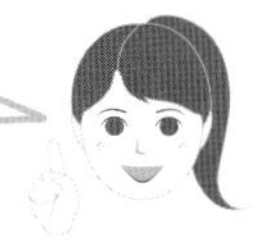

11月
12月
1月
2月
3月
4月
5月
6月
7月
8月
9月
10月
パンジー・ビオラ
葉ボタン
宿根ネメシア
スイートアリッサム
ユリオプスデージー
ストック
プリムラ・ポリアンサ
プリムラ・ジュリアン
クリサンセマム・パルドサム
ビギナーにおすすめのシーズン！
ベゴニア・センパフローレンス
バコパ
ブルーデージー
ペチュニア
バーベナ
ゼラニウム
マリーゴールド
カリブラコア
インパチェンス
クロサンドラ
ペンタス
ランタナ
ニチニチソウ
コリウス
メランポジウム
センニチコウ
ジニア
トウガラシ

次ページからの記号の見方

◆コース 6ヵ月 6ヵ月コース。最大で5〜6ヵ月楽しめる。

3ヵ月 3ヵ月コース。2〜3ヵ月は楽しめる。

◆難易度 Ⓐ ビギナーにもつくりやすい作品。育てやすく、苗数・種類も少なめ

Ⓑ 中程度の難易度。Aの作製・管理に慣れたら楽しみたい。苗数・種類の多い作品

★ハンギングバスケットを飾る場所は、日当たりがよく、なるべく雨の当たらない軒下やベランダなどが最適（日陰を好む植物で作製したもの以外）。

ビギナーにもおすすめのハンギングバスケットシーズン

寒さが増してくる晩秋からは、実はハンギングバスケットをはじめるのにもってこいのシーズン。植物の生長がゆっくりなので姿が乱れにくく、メンテナンスも少なくてすみ、病害虫もすくないためです。寒さに強い植物を使えば、緑の少ない時期に約半年も観賞し続けることができるので、とてもお得で重宝します。

暖色系のパンジーで優しくチャーミング Ⓐ 6カ月

ピンクを中心に単調にならないように濃淡を付けて構成しました。
グラデーションができ、とてもチャーミングに仕上がります。

- a_1 パンジー（ワインカラー）…………… 3株
- a_2 パンジー（薄ピンク）…………………… 3株
- b_1 ビオラ（白×紫）………………………… 3株
- b_2 ビオラ（淡紫）…………………………… 3株
- c アイビー……………………………………… 1株
- d スイセン……………………………………… 2球

容器：直径25cmの壁掛け型5スリット容器

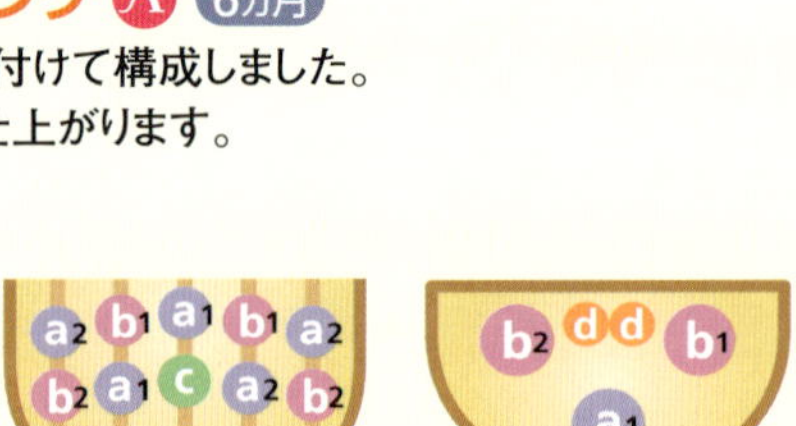

晩秋から春の主役はパンジー・ビオラ

晩秋に植えられ、冬の間もしっかり咲き続けるパンジー・ビオラ。
春が訪れるといっせいに咲き誇り、大きくふくらみます。
たくさんの品種があり、どの花色を選ぼうか迷ってしまいますね。

クラシカルな花色で A 6カ月

なんとなく懐かしい色合いのビオラに、葉ものを加えて植え込みます。
シルバーレースが白く反射し全体に明るさを演出してくれます。

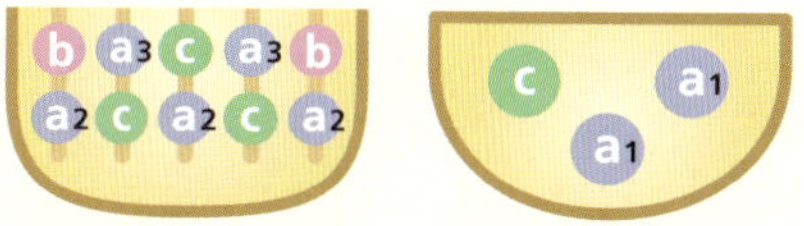

側面　　天部

a1 ビオラ（紫×黄色）……………… 2株
a2 ビオラ（黄色×淡青）…………… 3株
a3 ビオラ（橙×黄色）……………… 2株
b ミスカンサス……………………… 2株
c シルバーレース…………………… 4株

容器：直径25cmの壁掛け型5スリット容器

10月頃から、パンジーやビオラの苗が
出回りはじめますが、まだ気温の高い
この頃に植えると苗が徒長してしまいがち。
気温が十分に下がる11月からが
本来植えるのに適切な時期です。
また、2月中旬以降の苗は老化して
根の成長が鈍くなるものが多いので、
植える際に大きく根鉢を崩さないように
注意しましょう。

カレンダー［パンジー&ビオラ］

11	12	1	2	3	4	5	6	7	8	9	10
●……	……	……	……	● 作製時期							
●……	……	……	……	……	……	● 観賞時期					

上品なワインレッドで

A 6カ月

温かさを感じる上品なワインレッド色のパンジーを中心に紫色で統一。ワインレッド色だけだとシックになりすぎるので、白のパンジーとシルバープランツの葉ものでぱっと明るく光の効果を出します。

パンジー&ビオラをメインにして植えるときには、春に大きくふくらむことを見込んで、株数を少し抑えるようにします。球根の種類や植え方については81ページをご覧ください。

側面

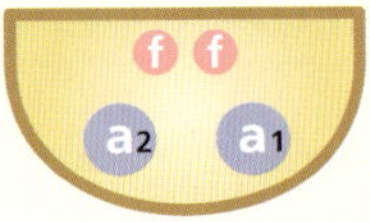

天部

a_1	パンジー（濃赤）	4株
a_2	パンジー（淡紫）	2株
b	ビオラ（白）	1株
c_1	スイートアリッサム（赤）	1株
c_2	スイートアリッサム（白）	1株
d	ヘリクリサム	1株
e	シルバーレース	2株
f	チューリップ球根	2球

容器：直径25cmの壁掛け型5スリット容器

晩秋から春の主役はパンジー・ビオラ

フラワーリースでお出迎え① A 6カ月

シルバーレースの華やかさとパンジーの青色で爽やかさを強調。春になると、パンジーが満開になり、リングの中央を覆いつくすほどに。パンジーに花色に合わせたブルーのムスカリの花が、より一層爽やかさを加えます。

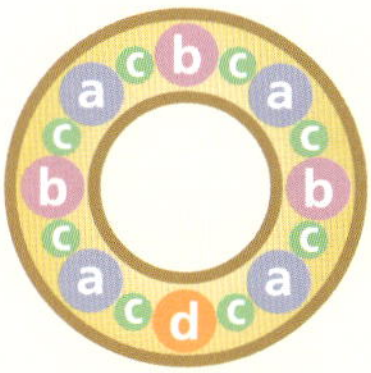

- **a** パンジー……………………… 4株
- **b** シルバーレース…………… 3株
- **c** ムスカリ……………………… 8球
- **d** アイビー……………………… 1株

容器:直径40cmのつる製リース

リース型は植えつけて1～2週間は横に寝かしたままの状態で養生します。
養生がすんで根が安定してから立てかけるようにしましょう。
水を与えるときには、リングを横に寝かして水を与えるようにします
（リース型の植付けの仕方は74ページを参照）。

フラワーリースでお出迎え② A 6カ月

明るい黄色のフリルのあるパンジーに小花のスイートアリッサムを合わせることでより一層かわいらしさをプラス。アリッサムは移植が苦手なので、根鉢を崩さずにそのまま植えるようにしましょう。

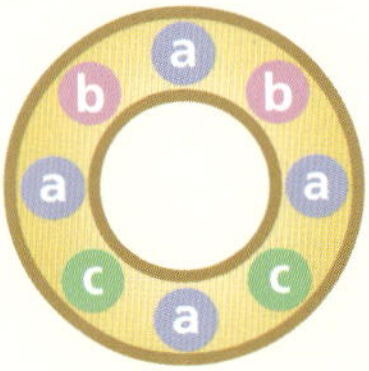

a パンジー ……………4株
b スイートアリッサム…2株
c ヒペリカム …………2株

容器:直径40cmのつる製リース

パンジーは本当にバリエーションが豊富!
早春には春らしい華やかな黄色のパンジーを求めたくなります。ひとくちに黄色のパンジーといっても、ブロッチ（目）のあるタイプ、ないタイプ、他の色が加わる（紫色）タイプなどバリエーションは様々。迷うのも楽しみのひとつです。

a1 パンジー（ワインレッド）……6株
a2 パンジー（薄いピンク）……4株
b プラティーナ……………………3株
c ワイヤープランツ……………3株
d スイセン…………………………3球

容器:直径27cmの吊下げ型容器

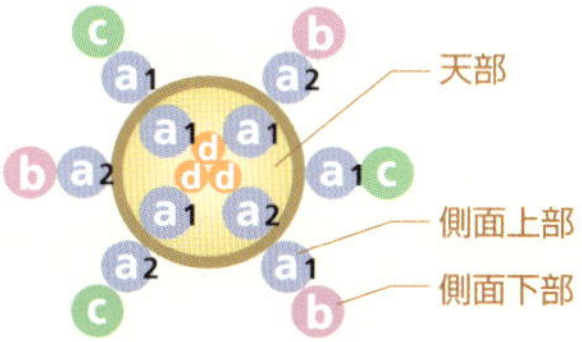

パンジーの華玉 Ⓑ 6カ月

花色はシンプルにピンク色の濃淡に。みるみるうちにこんもりかわいらしく育ちます。パンジーの花の合間から、春になり立ち上がってくるスイセンの花の凛とした美しさが加わると印象も変わり、楽しさが倍に広がります。

プリムラ・メラコイデスには、
寒さに強い戸外用品種と、寒さに弱い
室内用品種があります。
戸外で育てるハンギングバスケットには、
寒さに強い品種を選ぶようにしましょう。

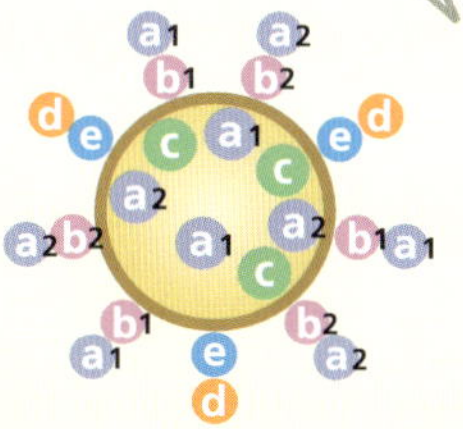

a1 プリムラ・メラコイデス（ピンク）‥5株
a2 プリムラ・メラコイデス（白）………5株
b1 パンジー（ピンク）……………………3株
b2 パンジー（白）…………………………3株
c スイートアリッサム……………………3株
d ワイヤープランツ………………………3株
e シロタエギク……………………………3株

容器:スタンディングミニ専用バスケット

スタンディングミニ Ⓑ 3カ月

プリムラ・メラコイデスは育てやすく、生長すると背丈が出てボリューム感と華やかさを演出し、ふっくら広がります。春まだ浅い頃にこの優しい桃色のプリムラの花があるとほんわか温かい気分にしてくれます。ぜひ、植えて飾って欲しい花のひとつです。

カレンダー［プリムラ・メラコイデス］

11	12	1	2	3	4	5	6	7	8	9	10
		●……	●	作製時期							
		●……	……	……	●	観賞時期					

冬のカラーリーフ 葉ボタン

まるでバラの花が咲いているかのような葉ボタン。
冬のハンギングバスケットには欠かすことのできない植物です。
気温が下がってくると一層、葉色の美しさが映えてきます。
寒風のあたらない日のよく当るところで
育てるようにしましょう。

和のテイストを楽しむ Ⓑ 6カ月

モクビャッコウの白、テイカカズラの黄色、ナンテンの赤をあわせて、お正月の松飾りの代わりにコンテナガーデンをセットにして門扉に飾ると素敵。葉ボタンは切込みの入ったタイプ、丸葉のタイプ、また1株から2つの顔が立ち上がったミニ葉ボタンを使用しています。

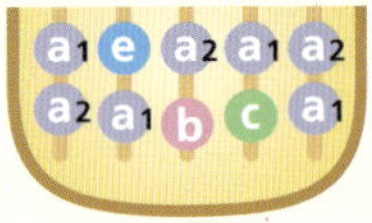

a1 e a2 a1 a2
a2 a1 b c a1

側面

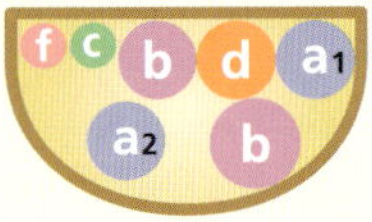

f c b d a1
a2 b

天部

葉ボタンは根崩しに強くとても丈夫です。
冬の間はほとんど動かないので、
少し詰め込み気味に植えても大丈夫。
また茎の部分を深植えにしても
元気に育つので、茎の長さを自由に調整でき、
とても利用しやすい花材です。
葉ボタンは下葉が黄色く変色してくるので、
下葉を2〜3枚取り除いてから植えましょう。
春にトウたちする花もおすすめ。
早めに摘芯をすると横枝が増えて、
形よく伸びていきます。

カレンダー［葉ボタン］

11	12	1	2	3	4	5	6	7	8	9	10
●…● 作製時期											
●……………● 観賞時期											

- **a1** 葉ボタン（白）…………………… 5株
- **a2** 葉ボタン（紫）…………………… 4株
- **b** モクビャッコウ …………………… 3株
- **c** テイカカズラ …………………… 2株
- **d** ナンテン …………………… 1株
- **e** シルバーレース …………………… 1株
- **f** リュウノヒゲ（黒竜）…………………… 1株

容器:直径30cmの壁掛け型5スリット容器

ガーデンシクラメンの温かみのある色合わせで A 6カ月

葉ボタンは切込みのあるタイプと丸葉のタイプの2種。ガーデンシクラメンを植えるときには、決して根をきらないようにすることが重要です。また、なるべく球根の頭が土から出るように植えましょう。葉ボタンと一緒に植える植物は冬の寒さの中でも元気に咲き続けるものを選ぶのがポイント。

側面

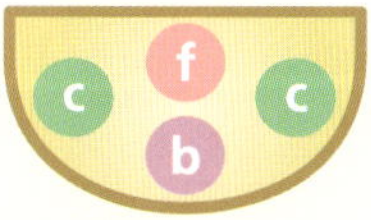

天部

- a_1 葉ボタン（白）…………2株
- a_2 葉ボタン（紫）…………2株
- b ガーデンシクラメン……1株
- c シロタエギク…………2株
- d スイートアリッサム……1株
- e ビオラ（白×紫）………3株
- f パンジー（橙）…………2株
- g アイビー ………………1株

容器：直径25 cmの壁掛け型5スリット容器

- a_1 葉ボタン（白）…………2株
- a_2 葉ボタン（紫）…………2株
- b_1 ビオラ（黄）…………3株
- b_2 ビオラ（白×紫）………2株
- c プリムラジュリアン ……2株
- d スイートアリッサム ……1株
- e ツルニチニチソウ ………1株

容器：直径25cmの壁掛け型5スリット容器

側面

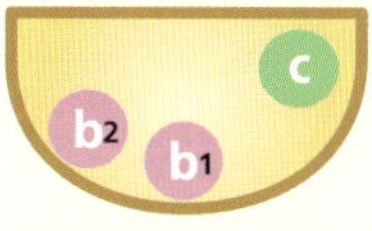

天部

プリムラジュリアンの華やかさとも相性◎ A 6カ月

葉ボタンは明るい色を加えるとかわいらしさが強調されます。葉ボタンの紫と類似色のピンクのプリムラジュリアン、補色の黄色のビオラを合わせることで、遠くから見ても色あざやかに目に入ります。

四季咲き性ミニバラを冬の陽だまりで楽しむ A 3カ月

大事なお客様を迎える時など、花の少ないこの時期にぱっと明るく華やぐシーンをつくりたい時には、四季咲き性ミニバラがおすすめです。気温の低いこの時期、バラは1つの花をじっくりゆっくりと咲かせます。マンションの南側のベランダなど、軒下で日当たりのよい、寒風にさらされない場所などに最適です。

a1 四季咲き性ミニバラ(黄)…………… 3株
a2 四季咲き性ミニバラ(赤)…………… 3株
b プラティーナ ……………………………… 3株
c リュウノヒゲ(白竜) …………………… 2株
d アイビー ………………………………… 2株
e シルバーレース ………………………… 3株

容器:直径30cmの壁掛け型5スリット容器

カレンダー[ミニバラ]

11	12	1	2	3	4	5	6	7	8	9	10
‥‥	‥‥	‥‥	‥‥	‥‥	‥‥	‥‥●	作製時期				●‥
‥‥	‥‥	‥‥	‥‥	‥‥	‥‥	‥‥●	観賞時期				●‥

側面

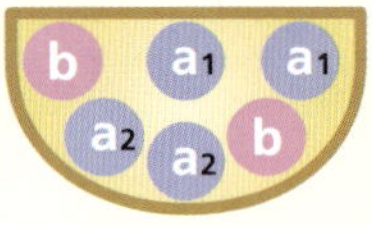

天部

寒い時期、ミニバラはパンジーほど
次々と花はつかないので、はじめについていた
花が散ると観賞はいったんお休みです。
春あたたかくなると
また花が増えて楽しめます。

氷の結晶をイメージして A 6カ月

氷の結晶をイメージしてデザインしています。伸びてきて形が崩れてきたら、切戻しをして形を整えながら育てていきます。

この作品のカレンダー

11	12	1	2	3	4	5	6	7	8	9	10
●…………	…………	…………	………●	作製時期							
●…………	…………	…………	…………	…………	…………	………●	観賞時期				

a シロタエギク（広葉のタイプ）…………4株
b ワイヤープランツ ……………………………4株
c スイートアリッサム（アプリコット）……4株

容器:直径30cmのワイヤー製リース

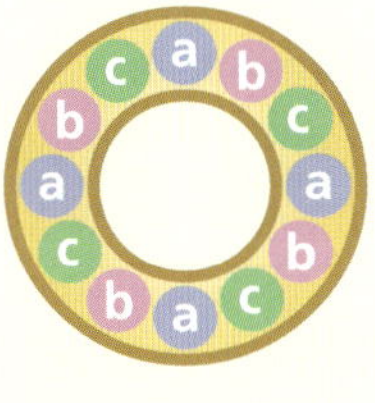

春を代表するマーガレットをメインに Ⓐ 3カ月

春を代表するマーガレットは、色も豊富にあり、早春に出る小さな苗を使えば長く楽しむことができます。マーガレットを中心にパステル調で花色を統一すると淡い春らしさが演出されます。さらにバコパや宿根ネメシアの白花を多く加えることでよりいっそう温かい優しさが表現されます。

この作品のカレンダー

11	12	1	2	3	4	5	6	7	8	9	10
			●………	………	………	……●	作製時期				
			●………	………	………	……●	観賞時期				

側面

天部

- **a** マーガレット …… 2株
- **b** ビオラ …… 3株
- **c** バコパ …… 2株
- **d** 宿根ネメシア …… 3株
- **e** セネシオ・レウコスタキス …… 2株
- **f** ワイヤープランツ …… 1株
- **g** ヘリクリサム …… 1株

容器:直径25cmの壁掛け型5スリット容器

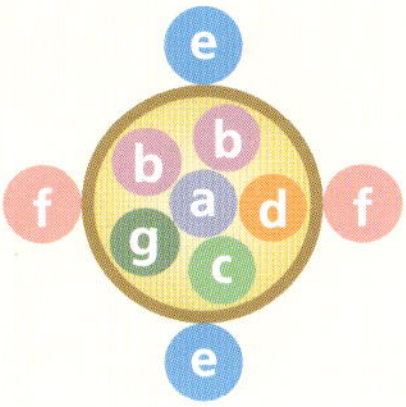

自然風つるカゴを スタンドにのせて楽しむ A 3カ月

アネモネや甘い香りのハゴロモジャスミンなど華やかな花たちが、いっせいに咲き出し、春の喜びを表現します。側面には年間を通して使える植物（常緑）を植えておくと、天部の花の開花期が終わったら掘り出し、初夏の花に植えかえるだけでまた楽しむことができます。

- **a** ライスフラワー ……………… 1株
- **b** アネモネ ……………………… 2株
- **c** イベリス ……………………… 1株
- **d** 斑入りブルーデージー …… 1株
- **e** ハゴロモジャスミン ………… 2株
- **f** ヘリクリサム…………………… 2株
- **g** ベアグラス …………………… 1株

容器:円錐型のつる製カゴ

自然風つるを編んでつくったカゴを使う場合、内側に水抜け穴を開けたビニールを1枚入れて、植えます。側面の植物はカゴとビニールにハサミで切込みをいれ、植えます。吊るして楽しむこともできますし、スタンドにのせて楽しむこともできます。

この作品のカレンダー

11	12	1	2	3	4	5	6	7	8	9	10
			●………	………	● 作製時期						
			●………	………	………	………	● 観賞時期				

【初夏～夏】

いよいよ植物が伸び盛り！ 暑さに負けない植物を選んで

十分な温度があり、植物の生長にぴったりのシーズンですが、6月からの梅雨、梅雨明け後の猛暑でのダメージに気をつけましょう。暑さに強い丈夫な植物をメインにすると育てやすい作品になります。

ゼラニウムとペチュニアで初夏を満喫 A 6カ月

定番のゼラニウムだけでなく、斑入りのゼラニウムなども加え、カラーリーフとして共に植えると上品でおしゃれな感じに仕上がります。花が少ないときでも十分に楽しむことができます。どんどん生長してきて形が崩れてきたら、途中で切戻しをして形を整えるとよいでしょう。

- a_1 ゼラニウム（ピンク）………… 3株
- a_2 ゼラニウム（赤）……………… 3株
- b 斑入りゼラニウム ……………… 3株
- c ペチュニア ……………………… 3株
- d_1 ヘリクリサム（シルバー）…… 1株
- d_2 ヘリクリサム（ライム）……… 2株
- e ワイヤープランツ ……………… 2株
- f ロニセラ ………………………… 1株

容器：直径30cmの壁掛け型5スリット容器

ゼラニウムは高温多湿が苦手。
軒のある風通しのよい南向きの
ベランダなどが乾燥気味で日当たりもよく、
大好きな環境です。また、追肥を与え肥料を
切らさないようにするとよいでしょう。
植える時期は春と暑さが一段落した秋の2回。
真夏や真冬でも軒下で雨や霜の当たらない、
寒風の防げるところであれば季節を越せます。

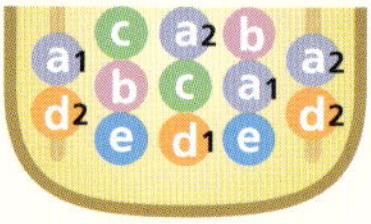

側面

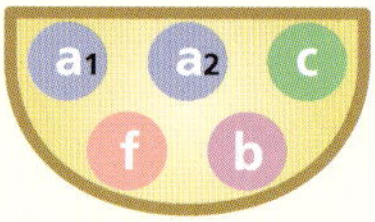

天部

カレンダー［ゼラニウム・ペチュニア］

	11	12	1	2	3	4	5	6	7	8	9	10
作製時期					●…	…	…●			●…	…	…●
観賞時期					●…	…	…	…	…	…	…	…●

暑い日差しの中でも 元気に咲き続ける ニチニチソウ

ニチニチソウは日当たりがよく水はけの良い環境を好み、次から次へと花を咲かせ生長します。最近は品種も増え、色・花の大きさのバリエーションも豊富。立性だけでなく這性タイプもあります。夏を越し秋まで咲き続ける頼もしい花です。

相性のいいニチニチソウとコリウスで① A 6ヵ月

ニチニチソウのつるつるした質感の葉が、他のカラーリーフと共にみずみずしさを演出し涼しげに見えます。生長し形が崩れてきたら、切戻しをすると2～3週間で再び満開の姿に戻ります。

側面

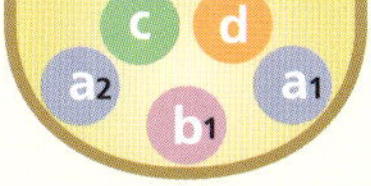

天部

- a1 ニチニチソウ（ピンク）…… 2株
- a2 ニチニチソウ（白）…… 2株
- b1 コリウス（赤）…… 3株
- b2 コリウス（赤×ライム）…… 1株
- c センニチコウ …… 2株
- d ベアグラス …… 2株
- e ツルニチニチソウ …… 1株
- f イポメア …… 1株
- g ロニセラ …… 1株

容器:直径25cmの壁掛け型5スリット容器

カレンダー［ニチニチソウ］

	11	12	1	2	3	4	5	6	7	8	9	10
作製時期							●	・・・	・・・	●		
観賞時期							●	・・・	・・・	・・・	・・・	●

暑い日差しの中でも元気に咲き続けるニチニチソウ

相性のいいニチニチソウとコリウスで② A 6カ月

ハンギングバスケットの足もとに、落ち着いた色合いの素焼き鉢をセットで飾るとより立体的になります。

- **a_1** ニチニチソウ（白）……………2株
- **a_2** ニチニチソウ（ピンク）………3株
- **b** コリウス（赤×ライム）…………4株
- **c** ロニセラ ……………………………1株
- **d** デュランタライム …………………1株
- **e** ネフロレピス ………………………1株
- **f** アルテルナンテラ（白斑）……1株
- **g** ランタナ ……………………………1株
- **h** ヒメツルニチニチソウ ………1株

容器：直径30cmの壁掛け型5スリット容器

コンテナガーデン

- **a** コルジリネ …………………1株
- **b** ニチニチソウ（這性）…1株
- **c** コリウス ……………………1株
- **d** グレープアイビー ………1株
- **e** イポメア ……………………1株
- **f** ハツユキカズラ …………1株

側面

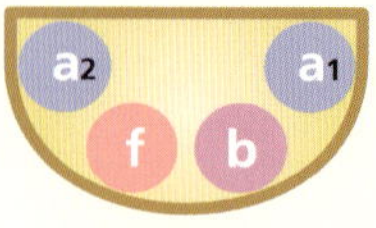

天部

コンテナガーデン

夏の日陰を彩るインパチェンス

夏、日陰でも美しく咲く花といえば、インパチェンスを外すことはできません。日の当たらないところでも元気に育ち、色鮮やかな花を咲かせてくれます。水が大好きなので、真夏は乾燥させないようにしっかり水やりしましょう。

夏の日陰も生き生きと飾る吊下げ型ハンギング Ⓑ 6カ月

ピンクを中心に単調にならないように濃淡を付けて構成しました。
グラデーションができ、とてもチャーミングに仕上がります。

- a1 ニューギニアインパチェンス（濃ピンク）3株
- a2 ニューギニアインパチェンス（淡ピンク）2株
- b ギボウシ …………………………… 3株
- c スパティフィラム …………………… 2株
- d ベアグラス…………………………… 4株
- e カレックス …………………………… 3株
- f シッサスエレンダニカ ……………… 3株
- g ヒューケラ …………………………… 3株
- h プレクトランサス …………………… 6株

容器：直径35cmの吊下げ型9スリット容器

カレンダー［インパチェンス］

	11	12	1	2	3	4	5	6	7	8	9	10
作製時期							●………	………	………	………	………	●
観賞時期							●………	………	………	………	………	●

a_1 ニューギニアインパチェンス
（ピンク）……………………………… 4株
a_2 ニューギニアインパチェンス（白）… 3株
b_1 コリウス（ライム×黄）………………… 2株
b_2 コリウス（赤）……………………………… 1株
c デュランタ ……………………………… 1株
d プレクトランサス ……………………… 2株
e ミスカンサス …………………………… 2株
f ツルマサキ ……………………………… 1株

容器：直径30cmの壁掛け型5スリット容器

花と葉の艶やかさをいかして Ⓑ 6カ月

ニューギニアインパチェンスの深い緑色の艶のある葉とかわいらしい花のインパクトを生かして、印象が重くならないように白や黄色の斑入りの植物を合わせました。葉の形はとがった細い線や動きのあるつる性植物を利用すると全体をダイナミックに見せてくれます。

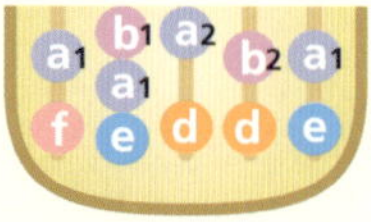

側面

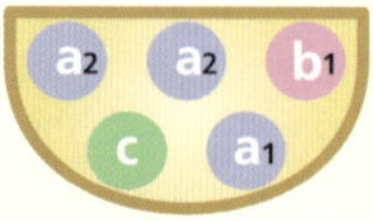

天部

夏のカラーリーフ

真夏は丈夫なカラーリーフを使うと、夏バテしないみずみずしい作品になります。ツヤツヤした葉の植物を使うと、涼しさを演出することもできます。

カラジウムでホットとクールのハーモニー Ⓑ 6カ月

観葉植物の苗が多く出てくるこの季節、白と赤のカラジウムを組み合わせて大型のハンギングの醍醐味を味わうのも楽しみ。明るい室内でもまた直射日光を避けた戸外どちらでも飾ることができます。

側面

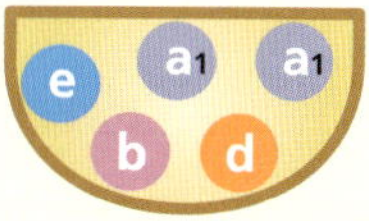

天部

ひとことで観葉植物といっても
好む環境はまちまち。
日陰を好むものばかりでなく、
クロトンやアカリファ、サンタンカなど
日当たりを好むものもあるので、
好む環境をチェックして使い分けます。

a_1 カラジウム（白）……3株
a_2 カラジウム（赤）……2株
b ニューギニアインパチェンス……2株
c スパティフィラム……1株
d ステレオスペルマム……3株
e デュランタライム……2株
f ツルマサキ……1株
g ベアグラス……1株

容器：直径30cmの壁掛け型5スリット容器

この作品のカレンダー

11	12	1	2	3	4	5	6	7	8	9	10
				作製時期		●……	……	……	●		
				観賞時期		●……	……	……	……	……	●

クロサンドラのユニークな姿がおもしろい！ A 6カ月

アイアン製の鳥かごにココナッツシートをしいて植物を植えました。次から次へと咲き続けるクロサンドラは丈夫で、なんといってもロウソクに火がともるようなユニークな姿と眩しい花色が特徴的。見ているだけで元気になるビタミンカラーです。

鳥かご天部

コンテナガーデン

- **a** クロサンドラ……………………1株
- **b** ランタナ……………………………1株
- **c** ペンタス（白）……………………1株
- **d** 観賞用トウガラシ…………………1株
- **e** アルテルナンテラ…………………1株
- **f** ヘンリーヅタ………………………1株

容器：既成のアイアン製の鳥かご風容器

コンテナガーデン

- **a** アンゲロニア………………………1株
- **b** クロサンドラ………………………2株
- **c** ストロビランテス…………………1株
- **d** メランポジウム……………………2株
- **e** ランタナ（斑入り）………………1株

土の乾燥を防ぐため、ココナッツシートの内側に水抜け穴をつくったビニールを1枚入れてから植え、仕上げに水ゴケを敷くこと。

ランタナは花がらをとらずにおくと、かわいらしい実を付け、実りの秋を演出できます。

アルテルナンテラが生長してくるので、途中で切り戻して形を整えます。

ヘンリーヅタもつるを伸ばしてくるので、下に垂らす部分とアイアンに絡ませる部分をつくるとより立体感が生まれます。

この作品のカレンダー

11	12	1	2	3	4	5	6	7	8	9	10
						作製時期		●……	……	●	
						観賞時期		●……	……	……	●

夏のカラーリーフ

- a パキスタキス …… 2株
- b スパティフィラム …… 3株
- c ピレア …… 1株
- d フィットニア …… 2株
- e ベアグラス …… 1株
- f ネフロレピス …… 2株
- g ラセンイ …… 1株
- h ディフェンバキア …… 1株
- i デュランタ …… 2株

容器:直径30cmの壁掛け型5スリット容器

この作品のカレンダー

	11	12	1	2	3	4	5	6	7	8	9	10
作製時期							●	・・・	・・・	●		
観賞時期							●	・・・	・・・	・・・	・・・	●

側面

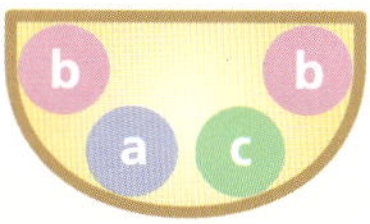

天部

北向きの玄関周りでも明るく演出 A 6カ月

ユニークな花のパキスタキスを中心に、清涼感あるかわいい花のスパティフィラムなどを合わせて個性的なハンギングに。リーフ類もさまざまな大きさ・形のものを合わせました。半日陰・室内でも楽しめます。

【秋～晩秋】

季節の移ろいを リーフで楽しんで

花材の種類も、楽しめる期間も限られている季節。だからこそ美しいリーフ類、そして実のなるもの、花たちが秋のやさしい陽射しの中、輝きをまします。気温が下がるにつれ葉色が変化するさまを楽しめるよう、花よりもリーフ類を多く使うのが特徴です。

秋色のセロシアと黒竜をあわせ 落ち着いた印象に A 3カ月

トウガラシはトップに1つシックな色をもってきました。側面に炎のようなピンクのセロシア、ライム色に模様の入ったモミジの葉のようなゼラニウム、そして鋭い尖った葉の黒竜を組み合わせ、落ち着いた秋を演出。

側面

天部

- **a** モミジ葉ゼラニウム………2株
- **b** ペンタス ……………………2株
- **c** セロシア ……………………3株
- **d** ユーフォルビア ……………1株
- **e** アカバセンニチコウ………1株
- **f** トウガラシ……………………1株
- **g** カレックス……………………2株
- **h** リュウノヒゲ（黒竜）………1株
- **i** テイカカズラ（2つに株分け）…………1株
- **j** ヘンリーヅタ …………………1株
- **k** ツルマサキ……………………1株

容器:直径25cmの壁掛け型5スリット容器

実りの秋 トウガラシ

秋の実をつける植物の中で最も使いやすいのがトウガラシです。実の色、形、大きさ、さらに葉を見ても、バリエーションがとても豊富。艶やかな実はまるで飴玉のようで、見る人を楽しい気分にしてくれます。

モクビャッコウと合わせて A 3カ月

モクビャッコウを側面に植えることで全体の印象が明るくなり、黄色のトウガラシの色がかわいらしく目に映ります。周りの景色が秋色に染まる中でも、背景に溶け込まずにぱっと浮き上がる効果を狙っています。

側面

天部

- **a** トウガラシ……3株
- **b** フユサンゴ……2株
- **c** アンゲロニア……2株
- **d** モミジ葉ゼラニウム……2株
- **e** モクビャッコウ……3株
- **f** ヤブラン……2株
- **g** アルテルナンテラ……3株
- **h** キャツラ……2株

容器:直径30cmの壁掛け型5スリット容器

カレンダー[トウガラシ]

	11	12	1	2	3	4	5	6	7	8	9	10
作製時期									●……	……	……	……●
観賞時期									●……	……	……	……●

秋の色 コリウス

コリウスは春から夏、秋と長い期間使うことができますが、葉色が一番美しく輝くのはやはり秋。色、模様、形と種類も豊富ですので、メイン、脇役どちらでも重宝します。

コリウスは
茎の部分が腐りやすいので、
決して深植えにしないこと。
生長してくると花を咲かせます。
葉をいつまでも
美しく保ちたいときには、
花を咲かせず切戻しをします。
切り戻した茎は挿し穂として
ぜひ利用しましょう
（84ページ参照）。

秋の風を表現するジニアと① Ⓑ 3カ月

ジニアは夏の強い陽射しの中でも元気に咲き続け、晩秋まで長く観賞できる花。花色、形もさまざまで、特にオレンジの花色は秋を演出するには必須です。コリウスとの相性も抜群です。

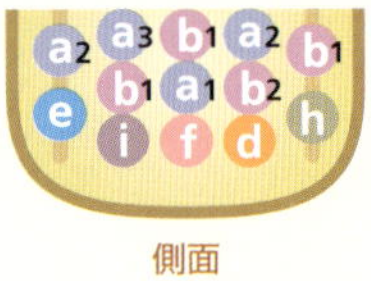

側面

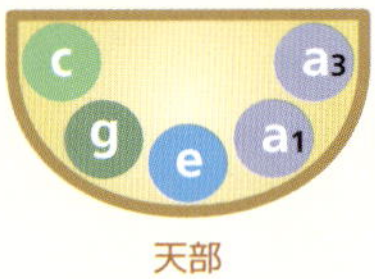

天部

カレンダー［コリウス］

11	12	1	2	3	4	5	6	7	8	9	10
						作製時期		●…	…	…	…●
…●						観賞時期		●…	…	…	…

- **a**$_1$ ジニア・プロヒュージョン（オレンジ） 2株
- **a**$_2$ ジニア・プロヒュージョン（白）……… 2株
- **a**$_3$ ジニア・プロヒュージョン（ピンク）… 2株
- **b**$_1$ コリウス（オレンジ）……………………… 3株
- **b**$_2$ コリウス（赤）……………………………… 1株
- **c** ロニセラ ……………………………………… 1株
- **d** ミスカンサス ………………………………… 1株
- **e** リュウノヒゲ（ハクリュウ）……………… 1株
- **f** テイカカズラ ………………………………… 2株
- **g** トウガラシ …………………………………… 1株
- **h** イポメア……………………………………… 1株
- **i** ワイヤープランツ …………………………… 1株

容器：直径30cmの壁掛け型5スリット容器

秋の風を表現するジニアと②

A 3カ月

ジニアとコリウスの組合せにイポメアを加えると縦方向に流れをつくることができます。明るいライム色と渋いブロンズ色を上手に使うと素敵です。

a1 ジニア・プロヒュージョン（オレンジ） 2株
a2 ジニア・プロヒュージョン（白）………2株
b1 コリウス（オレンジ）…………………… 3株
b2 コリウス（赤）…………………………… 3株
c　ベアグラス……………………………… 2株
d1 イポメア（ライム）…………………… 1株
d2 イポメア（ブロンズ）………………… 2株
e　ワイヤープランツ……………………… 1株

容器:直径25cmの壁掛け型5スリット容器

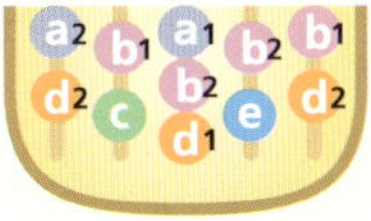

側面

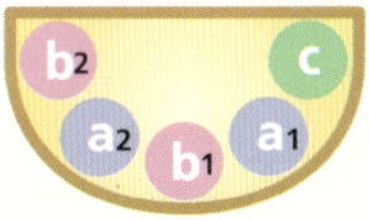

天部

a1 コリウス（オレンジ）………………3株
a2 コリウス（赤）……………………… 1株
a3 コリウス（ライム）…………………2株
b　リュウノヒゲ（白竜 ）
　（2つに株分け）…………………… 1株
c　ワイヤープランツ ………………2株

容器:直径30cmのワイヤーリース

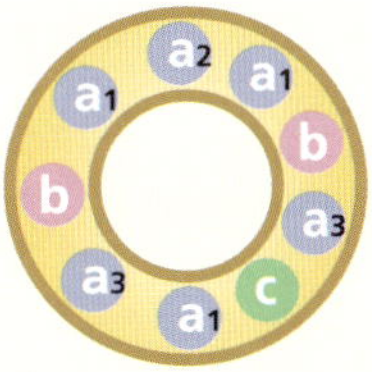

ワイヤー製のリースにコリウスを中心に楽しむ

A 3カ月

コリウスは生長が早いので、日に日に変わる姿がおもしろいです。特にリースの場合、真横に植えているため、リースの中心が見えなくなるぐらいに下の株が生長してきます。切戻しをして楽しみましょう。

小花が愛らしいペンタスの花と Ⓑ 3カ月

星型の小さな花をたくさんつけるペンタスの花は、春よりも秋の方が1房の花が長持ちします。また、秋の陽射しを受けるとピンクの花色が深みをまし、味わい深い色合いを楽しむことができます。

側面

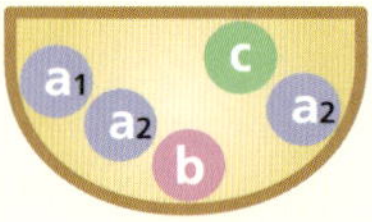

天部

- **a_1** ペンタス（濃ピンク）…………3株
- **a_2** ペンタス（淡ピンク）…………3株
- **b** アルテルナンテラ……………2株
- **c** コリウス（ライム）……………2株
- **d** ジャスミン ……………………1株
- **e** イポメア ………………………1株
- **f** テイカカズラ …………………2株
- **g** ハツユキカズラ ………………1株
- **h** リュウノヒゲ（黒竜）…………2株
- **i** ヤブコウジ（斑入り）…………1株

容器：直径30cmの壁掛け型5スリット容器

リーフでしっとり秋の色 A 3カ月

葉ものだけを組み合わせても、面をつくるもの、流れをつくるものそれぞれ組み合わせて動きを演出することができます。花がら摘みの手間もいらず、ローメンテナンスで育てることができます。ただし、形が乱れてきたら切戻しをして整えましょう。

- **a1** コリウス（赤）…………………………… 1株
- **a2** コリウス（橙）…………………………… 1株
- **b** ヘンリーヅタ…………………………… 2株
- **c** アルテルナンテラ……………………… 2株
- **d** ハツユキカズラ………………………… 1株
- **e** ジャスミン……………………………… 1株
- **f** イポメア………………………………… 1株
- **g** リュウノヒゲ（黒竜）………………… 1株

容器:ワイヤー製クレセント（三日月型）容器

カラーリーフのみで作成する場合、
葉の形や大きさ、質感（テクスチャー）が
一様にならないように、丸い葉、尖った葉、
大きな葉、細かい葉、艶のある葉、
肉厚の葉など、特徴の違うもの同士を
組み合わせるようにするとボリューム感、
立体感が生まれます。

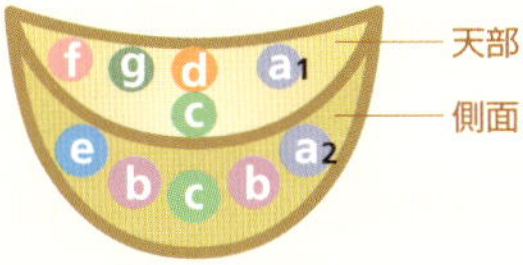

特徴ある植物を使って

ここではユニークな姿が人気の多肉植物と、実用と観賞両方を楽しめるハーブを使った作品を紹介します。

多肉植物をダイナミックに植え込む A 6カ月

多肉植物は真冬と真夏を外せばほぼ一年中楽しむことができます。1つ1つの形が非常にユニークな姿をした多肉植物を集めて植えると、他の植物にない不思議な世界が広がります。乾燥した状態を好むので、水やりの手間も省け、管理も簡単です。植え方としては、草花と同じように根付きの株を植える場合と挿し穂による楽しみ方の2通りがあります。

植えてすぐには水を与えず、根が伸びはじめた頃（作製して2週間後ほどたって）に水を与えます。その後の水やりは控えめに控えめに、完全に乾ききってから与えます。

この作品は根付きの苗をそのまま使えます

側面　　天部

- **a** キューティーガール……3株
- **b** 胡蝶の舞……2株
- **c** 乙女心……2株
- **d** 仙女の舞……1株
- **e** セダム アカプルコゴールド……3株
- **f** パールフォンニュルンベルク……1株
- **g** ミセバヤ……1株
- **h** 銘月……1株
- **i** 黒法師……1株
- **j** 月兎耳……2株
- **k** マンネングサ……1株

容器:直径30cmの壁掛け型5スリット容器

カレンダー［多肉植物］

11	12	1	2	3	4	5	6	7	8	9	10
		作製時期		●……	……	……	……	……	……	……	……●
●……	……	……	……	……	観賞時期	……	……	……	……	……	……●

1. 多肉植物を2～3cmの長さにカットし、下から1cmほど葉をとる。このまま数日間乾かしてから使う。

2. 全体の配置を決めたら、キットの面に挿していく。先の細い棒（箸など）で土に穴をあけ、茎を箸で押し込むように植える。

3. 完成後は2週間ほど水を与えずに日当たりで管理する。

多肉植物の挿し芽を使って ハンギングタブローをつくる Ⓐ 6カ月

多肉植物を絵画のように壁に掛けて飾ったものをハンギングタブローといいます。簡単に作れるキットが出ていますので多肉植物の挿し穂を挿していくだけで気軽に作製することができます。

多肉植物は夏は直射日光を避け春秋は日当たりのよいところで、冬は室内に入れて管理するといいでしょう。

- **a** 夕映え …………… 2本
- **b** エケベリア …………… 3本
- **c** 花いかだ …………… 2本
- **d** 月影 …………… 1本
- **e** 虹の玉 …………… 3本
- **f** ミセバヤ …………… 1本

容器：既製のハンギングタブロー専用容器（土入り）

植物は全て挿し穂

特徴ある植物を使って

ハーブや野菜を使って

A 6カ月

春そして秋を中心に楽しむハーブ類。春は気温の上昇とともに生長が早くなりどうしても姿が乱れやすくなります。これに対し、秋は植物が蒸れることも少なく育てやすい季節です。ハンギングで育てると、高い位置にあるので虫や病気の被害もある程度抑えられるという利点があります。

側面

天部

- **a** バジル……………………………1株
- **b** カラミンサ………………………1株
- **c** ワイルドストロベリー…………2株
- **d** パイナップルミント……………2株
- **e** サラダ菜…………………………2株
- **f** イタリアンパセリ………………1株
- **g** ローズマリー……………………2株

容器:直径約35cmのつる製のカゴ

この作品のカレンダー

11	12	1	2	3	4	5	6	7	8	9	10
		作製時期		●……	……	●				●……	●
		観賞時期		●……	……	……	……	……	……	……	●

公共の
ハンギングバスケット

For Public Space

公共の場所に不可欠なハンギングバスケット

ハンギングバスケットは、家庭で楽しむだけには留まりません。
アスファルトで固められた道、木が伐採され、
コンクリートの塀に囲まれた、殺伐とした都会のクールな景色。
そこを人が行き交い、集い、そして温かく
優しい街にするためには、花や緑が不可欠です。
特に装飾効果の大きい立体花壇のハンギングバスケットは、
人の目を楽しませ、また日本人が大切にする四季折々の
季節を演出する華やかな装飾として、
今後、ますます広がっていくと思われます。

街・施設で

全国各地で街道沿いにハンギングバスケットを美しく配置し、訪れる人の目を楽しませ、華やかに演出している街を多く見かけるようになりました。年によって花色や植栽を変えて工夫を凝らします。

写真上:函館レンガ街
写真下:函館市内

河口湖オルゴールの森▶
テーマに合わせて、ほぼ年間を通してそれぞれ季節に合った植栽に変更し、四季折々ハンギングバスケットの装飾を行なっています。最大時100を超えるハンギングバスケットが並べられ、緑と水の織りなす風景の中、ハンギングバスケットは入場者に感動を与えています。

イベントで

季節に合わせた行事や
イベントを開催する際に、
より華やいだ雰囲気を演出します。

東京丸の内仲通り

丸の内仲通り（東京都千代田区）区）では、春と秋にガーデニングショーを開催。これに合わせて街灯のポールにおよそ130基に及ぶハンギングバスケットが飾られます。高級ブランド店が立ち並ぶ中、丸の内の街の雰囲気に溶け込み、凛として温かい風を演出しています。

魅力

●素晴らしい空間装飾効果に注目！

花と緑で街づくりを推進する場合、今までは花壇や地面に据え置いたコンテナに植物を飾る方法が中心でしたが、コンテナの周囲に自転車を置いてしまったり、物やゴミを捨てたりと、低い位置では効果が上がらず、華やかさに欠けるという問題がありました。

そこで最近クローズアップされはじめたのが、ハンギングバスケットです。目の高さに飾るために装飾効果が大きいことから注目を集めています。

また、華やかさのみならず、自動潅水装置の技術が確立されてきたため管理が楽になり、一層ハンギングバスケットは身近な存在になってきました。

作製のポイント

①容器は大型がメイン

公共空間に飾るバスケットは、水もちがある程度よいように、中型から大型の容器を使います。

②植物は扱いやすいものを

植物は、花期が長く次々と花が咲き、丈夫で手入れの手間がかからないものを選びます。また、数多くつくるので、流通量が多くて入手しやすいものを使うとよいでしょう。本書の6ヵ月コースに使われている花は公共用にも向いています（31ページ参照）。

③デザインはシンプルに

公共用の作品は、植物をごちゃごちゃ欲張らないのがポイントです。すでに街の中には看板や張り紙、そして建物などさまざまな色があふれています。作品1つに対してはある程度、植物の種類を限定したほうがいいでしょう。

色もシンプルにします。いくつもハンギングバスケットを並べる場所で変化を付けたいときは、このハンギングバスケットは赤、次がピンク、次が黄色という風に、花玉ごとの色に変化をつけると、道行く人の目を楽しませることができるでしょう。

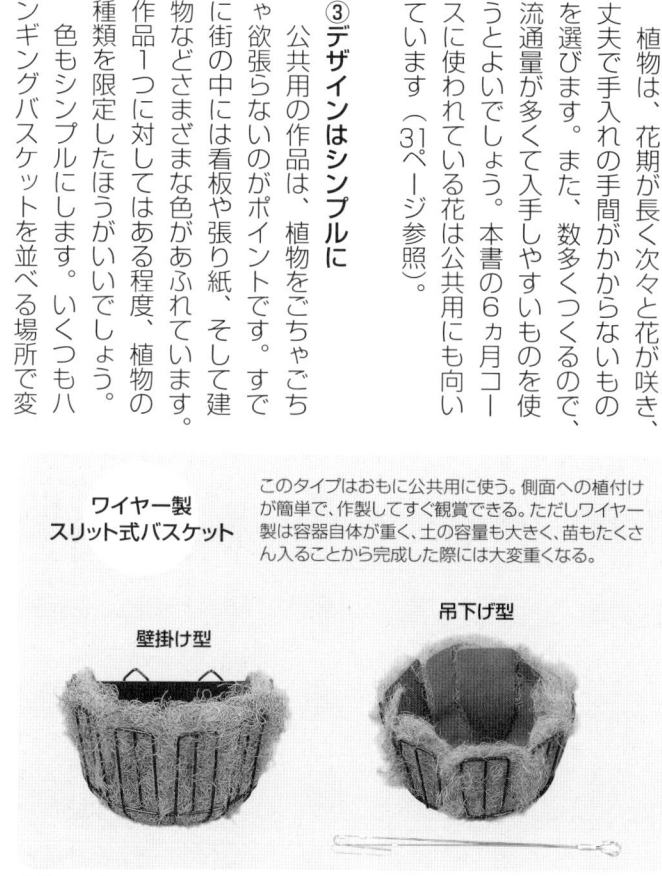

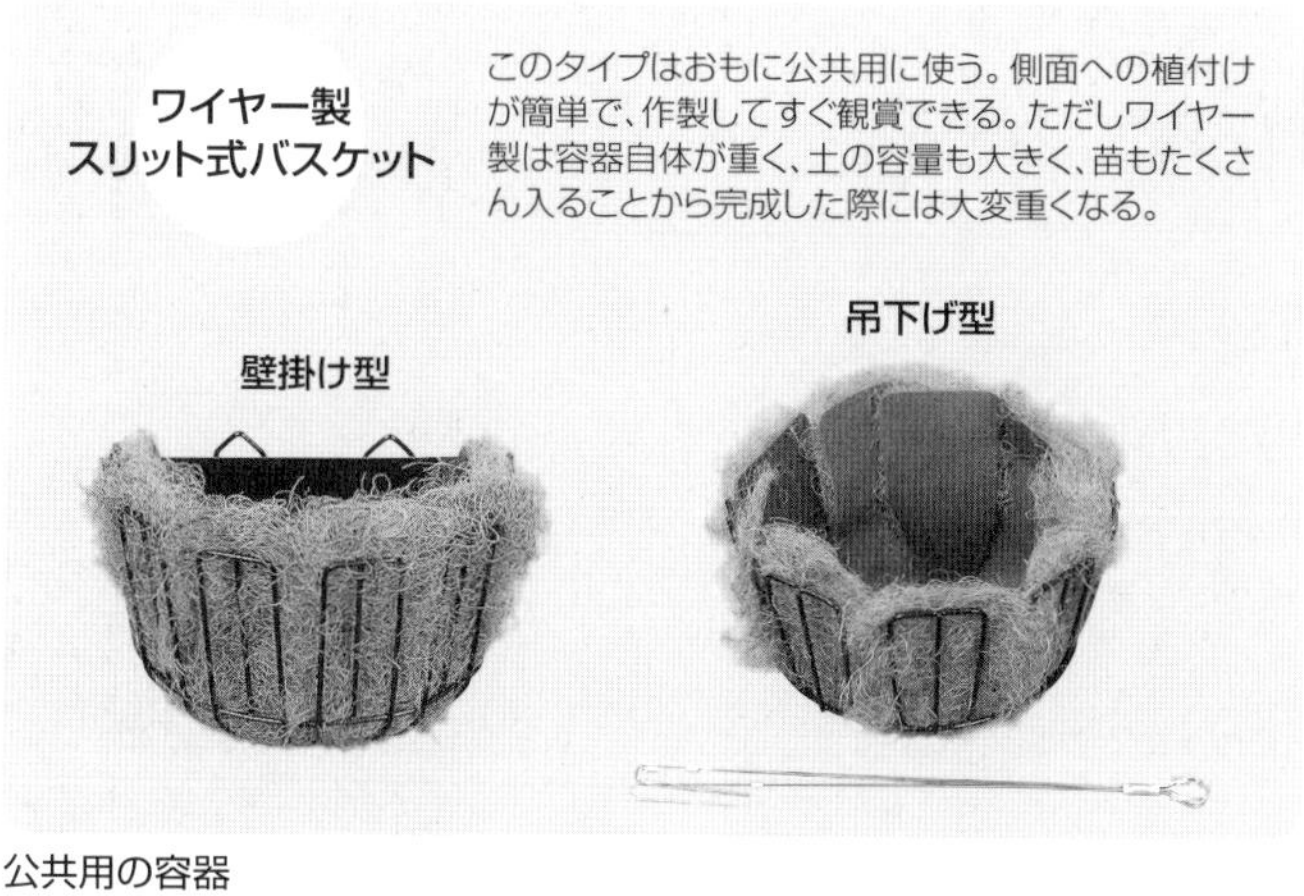
ワイヤー製
スリット式バスケット
このタイプはおもに公共用に使う。側面への植付けが簡単で、作製してすぐ観賞できる。ただしワイヤー製は容器自体が重く、土の容量も大きく、苗もたくさん入ることから完成した際には大変重くなる。
吊下げ型
壁掛け型

公共用の容器

④株間は余裕を持って

今後生長することを見込んで、株間に余裕をもって植え付けることも大切です。また、季節により植物の生長速度に差があります。春～秋は生育旺盛なので植物の数は少なめに（株間をとり）、冬～春は生長がゆっくりなので、やや多めに（株間を狭く）します。

⑤緩効性肥料を元肥に

家庭用と同様に、植付けの際元肥として100日以上の肥効をもつ緩効性肥料を施しておきます。

設置

①日当たりがベスト

1～数ヵ月と長期に飾る場合、飾る場所は半日以上日の当たる場所がよいでしょう。日陰だとたいていの花は花つきが悪く長持ちしないためです。一日日陰になる場所は、耐陰性のある植物（春～秋なら観葉植物など）で作った作品を飾る、日当たりにあるものと頻繁に交換するなどの工夫が必要です。

②歩く人から美しく見える高さに

歩行者から一番美しく見える高さを考えます。日本ではだいたい2ｍ前後の高さに設置することが多いです。膝ほどの低い位置や、逆に高すぎて歩く人の目に入らない位置では、ハンギングバスケットのインパクトが薄れます（高く設置すると、バスの車窓からはよく見えるというメリットはある）。

しかし、公共の場所では、それぞれに法規上制約がありますので、よく調べてから設置場所・高さを考えていく必要があります。電柱や街路灯・道路の中央分離帯など公共の道に設置する場合は、道路管理者の道路占用許可が必要になります。

③固定はとにかく頑丈に

公共の場所では、安全性が最大の課題となります。吊下げ型の場合などは特に大きく重量があり、危険を伴います。この場合、ハンギングバスケットをかけるアームについても十分配慮し、落下の危険性が絶対ないように念入りに確認をして取り付けるようにしましょう。

またビル風など予想も付かない強風が吹くことも考慮して、左右に揺れて落下しないように、二重に固定する場合もあります。

管理

①手潅水《かんすい》か自動潅水装置か

公共の場所で水を与えるとき、完全に場所が固定されている場合は、タイマー式の自動潅水装置を設置すればよいでしょう。ただし、イベントの期間中のみハンギングバスケットを設置する場合には、手潅水で水を与えることもあります。

②水やりは深夜か早朝に

水やりの時間帯については、概ね深夜もしくは早朝に与える場合が多いです。人の往来がある時間帯を外すためです。ただし、冬季の場合は凍結のおそれがあるので、気温の上がるお昼前後に与えます。このときは通行人に水がかからない配慮が特に必要です。

ハンギングバスケットの場合は、頭上から水が垂れてくるので、足もとが土だったり、水を吸水するものであればよいのですが、タイルなどは落ちた水が一時溜まってしまい、これが原因で転倒したりすることも考えられるので、十分注意が必要です。

③管理は家庭用と同じ

その他、長期に飾る場合は、花がら摘み、枯葉の整理、形を整える切戻しなど家庭用ハンギングバスケットと同様の管理が必要です。定期的に管理を行なう主体をあらかじめ決めておくとよいでしょう。

実現の近道

●ハンギングバスケットマスター

公共空間にハンギングバスケットを飾る取組みは、こうしてみただけでもいろいろな準備や手続きがあり、作製時にはノウハウも必要です。はじめてのときはとまどいも多いと思いますが、そういうときは、全国でそれぞれ活躍しているハンギングバスケットマスターに協力を求めるとよいでしょう（86ページ参照）。マスターはハンギングバスケットにかんするノウハウや実践的な技術・知識を身に付けており、よき協力者となってくれます。

カナダでの手潅水風景

ハンギングバスケットの発祥地

イギリスでは

イギリスのコッツウォルズ地方、ストウ・オン・ザ・ウォルドの街角にある商店前。

イギリスで有名なのが、街中のパブやレストランなどの入口を飾るハンギングバスケット。重厚で渋い色合いの壁色をバックに、それぞれの店で工夫を凝らした色あざやかで大きな吊型のハンギングバスケットが掛けてあります。華やかに店の顔として看板の役割を果たしています。

また、ホテルなどの建造物の装飾としてもハンギングバスケットが上手に利用されています。とても美しく、建物と花との調和にため息が出るほどです。また、とかく暗く冷たいイメージのある建物を、ハンギングバスケットを飾ることで明るく元気の出る空間に演出し、花と緑のパワーを利用しているようです。

ぜひ日本でも、病院、警察、役所等々に、花と緑をもっと増やし、心豊かで温かいやさしい気持ちになるような街づくりが広がって欲しいと思います。

ストウ・オン・ザ・ウォルドの街並み。あふれるように咲いたペチュニアのハンギングバスケットたちが、石つくりの古壁のアクセントになっている。

レベルアップレッスン

Level Up Lesson

リフォームでさらに長持ち

◆通年使える葉ものを生かして植替え

長持ちさせたハンギングバスケットでも、主役である一年草などの開花期（観賞期間）がおわったら、飾っていても見栄えがしなくなります。ふつうはここで解体するのですが、全てをつくりかえるのはもったいないことです。

一年を通して使用することができる常緑の葉ものなどはまだまだ観賞できます。そこで、ここではそれらを生かしたリフォームのやり方を紹介します。

コツは、古い草花とともに古い土もなるべく取り除き、新しく質のよい培養土をたっぷりと補給することです。新しい苗や残した葉ものもここに根を張り、順調に育っていきます。ただしこのとき、残す葉ものの根を傷めすぎないよう気を付けます。

リフォーム前

（52ページで紹介した秋の作品）

●リフォーム前の植物

a モミジ葉ゼラニウム……2株
ⓑ ペンタス……2株
ⓒ セロシア……3株
ⓓ ユーフォルビア……1株
ⓔ アカバセンニチコウ……1株
ⓕ トウガラシ……1株
g カレックス……2株
h リュウノヒゲ（黒竜）……1株
i テイカカズラ（2つに株分け）……1株
j ヘンリーヅタ……1株
k ツルマサキ……1株

○…抜きとる植物

［レイアウト図］

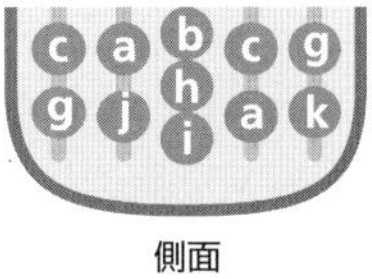

側面

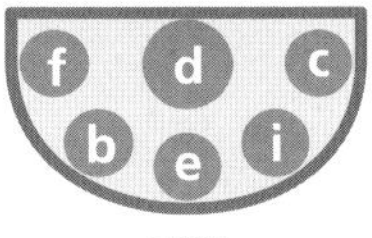

天部

リフォーム後

（パンジーを主役にした晩秋から春の作品）

●新しく入れた苗

A_1 パンジー（黄）……2株
A_2 パンジー（橙×黄）……4株
B ロータス……2株
C バコパ……2株

［レイアウト図］

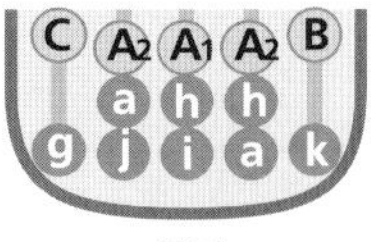

側面

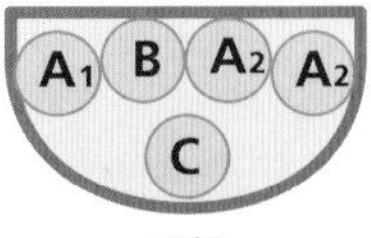

天部

リフォームの手順

必要なもの

- ●観賞期が終わりかけのハンギングバスケット
- ●これからのシーズンが開花期(観賞期)の草花の苗10株程度
- ●新しい培養土少々
- ●土入れ、移植ごて、棒などの道具

①表面の水ゴケを取る(後でまた使うのでとっておく)。

②花が終わった一年草は、棒や移植ゴテを使って根を切り、掘り出す。

③古い土はなるべく取り除き、新しい土を少し入れる(写真は古い土を除いた後)。

④新たに植える植物の根鉢の土を適量落として植える。

⑤元肥として緩効性肥料を加えた新しい用土をたっぷり足し、すき間のないよう棒でしっかりつめる。

⑥はじめに取った水ゴケを濡らし、土の表面に敷き詰め、水をたっぷり与えて完成。

残した葉ものが伸びすぎていたり、
形を崩している場合は
切り戻しをして全体のバランスを整え、
風通しをよくします。

吊下げ型バスケットの作製の仕方

◆ココナッツシートを使いこなそう

ここではアイアンの枠にココナッツシートを入れた吊下げ型容器の作製の仕方を紹介します。

ココナッツシートは、プラスチック製容器に比べてとても乾きやすいので、保水性を高めるビニールシートを内側に1枚敷くのを忘れずに。

ココナッツシートの側面に切込みを入れ、そこから苗を植え付けるので、側面に植える苗はスリット式容器の植付けより根鉢の土を大きく落とし、根鉢を小さくし植えやすくします。根を傷めすぎないようやさしく土を落とし、根を丈夫な保護カバー（ポリポットを加工）でくるんで植えます。

天部の苗は新しい土になじむよう少しだけ土を落として植えます。

吊下げ型のデザインのポイントは、植物を360度違う配置にするのではなく、全体を3分の1ずつ、または半分ずつに分けて、繰り返しのデザインにすることです。こうすると雑然とならずすっきりまとまります。

［レイアウト図］

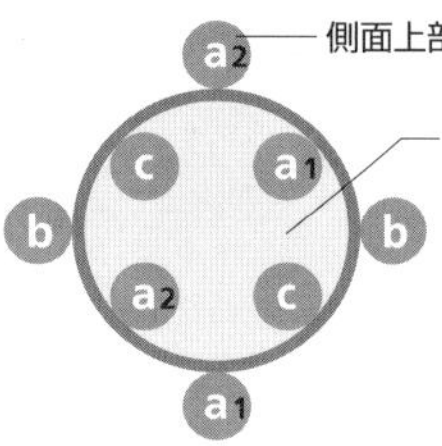

- a_1 ベゴニア（ピンク）……………………2株
- a_2 ベゴニア（白）……………………………2株
- b　アイビー ……………………………………2株
- c　ワイヤープランツ …………………………2株

①ココナッツシートは乾燥しやすいので、水抜け穴をあけたビニールをココナッツシートの内側に必ず敷く。

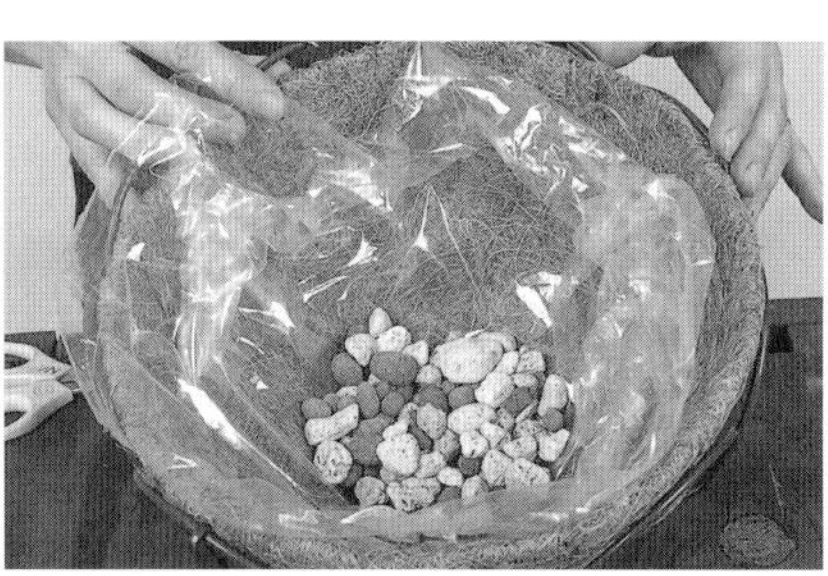

②鉢底石を2～3cmほど入れ、用土を鉢底石が見えなくなる程度まで入れる。

必要なもの

ワイヤー製吊下げ型容器（直径25cm）、ココナッツシート、培養土（湿らせておく）、鉢底石、水ゴケ、緩効性肥料、土入れ、細い棒、植物苗、ビニール

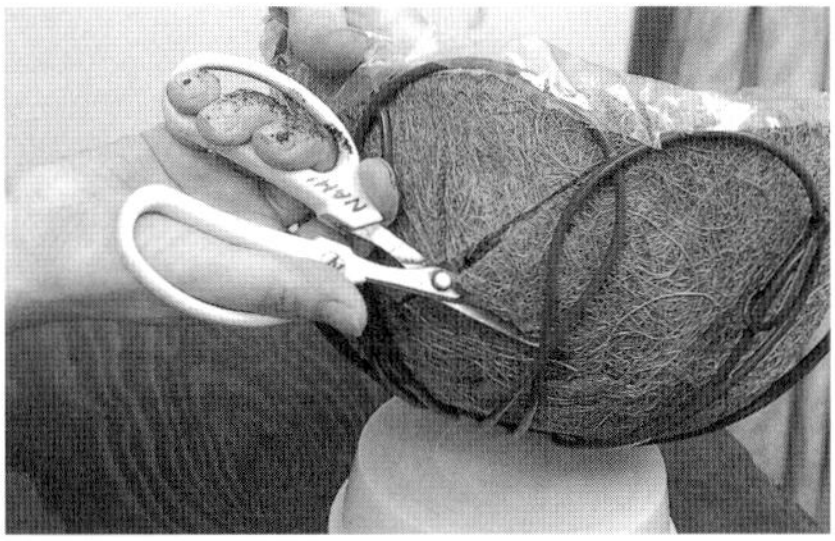

③苗を植える側面のココナッツシートとビニールに、ハサミで大きく×印に切込みを入れる。

④側面に植える苗の根を傷つけないよう保護カバーを作る。苗のポットの底面をはずし側面を扇形に切り出す。

⑤苗の根鉢の土を半分ほどやさしく落とし、長すぎる根を切り、④の保護カバーでくるむ。先を細くすると植えやすい。

⑥側面の切込みの外側から保護カバーにくるんだ根鉢を通す。根が外側に残らないように気をつける。

⑦根鉢が内側に入ったら保護カバーを外す。深く入りすぎると生育が悪くなるので、ココナッツシートと根元をぴったりつける。

⑧側面に苗を植えたら用土をすき間なく足し、天部の苗を前に傾けて植える。土を足し、ビニールの端を折りたたみ、見えないようにココナッツシートの内側に入れる。

⑨湿らせた水ゴケを2〜3cmの厚さに敷き詰める。厚くなりすぎないように。

⑩完成。活性剤を入れた水をたっぷり与えた後、2〜3日半日陰で養生させ、日当たりのよいところに飾る。

リース型バスケットの作製の仕方

◆乾燥防止の対策をしっかりと

ワイヤー製のリース型容器でつくるハンギングバスケットは、土の入るスペースが他の容器より限られているので、とても乾燥しやすいです。ワイヤーの内側には、土の流出と乾燥防止のため水ゴケを敷き詰めるのが一般的ですが、このとき、水ゴケの内側にビニールシートを敷くのを忘れないようにしましょう。

ハンギングバスケット用に販売されている専用の中敷シートもおすすめです。片面が水をよく吸う繊維質、もう片面が乾燥しにくいビニールの素材でできており、ところどころ水や空気を通す穴も空いています。

ここでは、このシートを使った作製法を紹介します。クリスマスリース風にデザインしました。

とても乾燥しやすいので、保水性のある土をすき間なくしっかり入れます。
完成後数日は、作品をたてに起こすと土がこぼれやすいので、横向きのまま養生させ根がよく張ってから飾ります。

[レイアウト図]

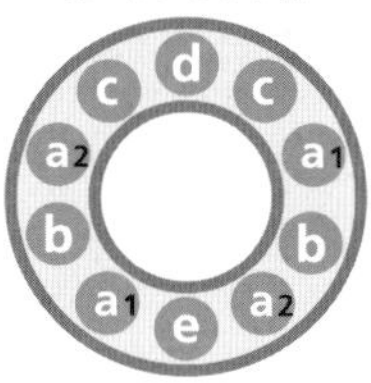

a1 葉ボタン（白）……………………2株
a2 葉ボタン（紫）……………………2株
b シルバーレース ……………………2株
c ベアグラス
（2つに株分け）……………………2株
d ミニシクラメン ……………………1株
e ハツユキカズラ ……………………1株

必要なもの

ワイヤー製リース型容器（直径30cm）、ハンギングバスケット専用シート、（ほかに培養土、緩効性肥料、植物苗、土入れ、ハサミ、細い棒など）

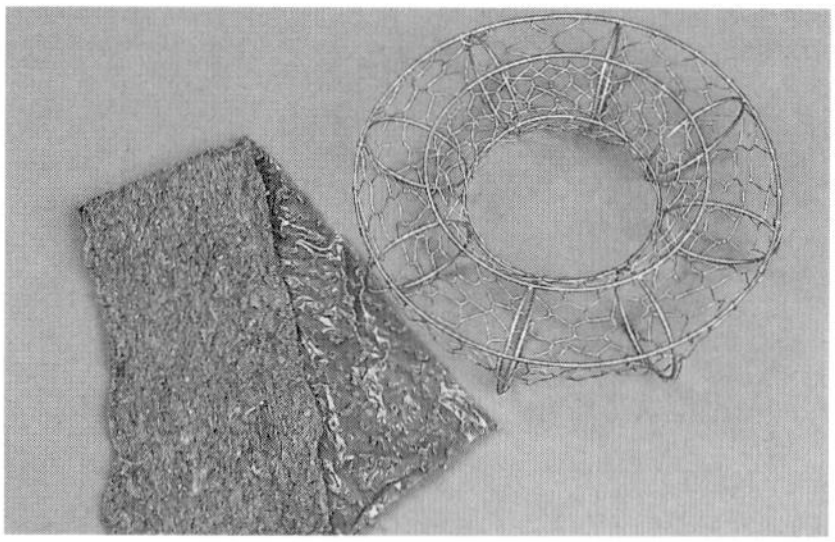

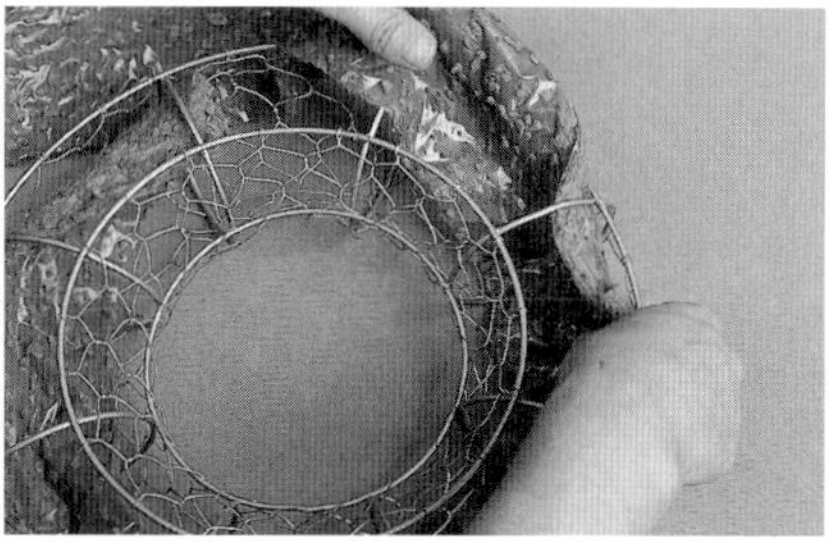

①専用シートをビニール面を内側にして入れる。約5cm幅に切り、内径側と外径側に2枚に分けて入れると作業しやすい。

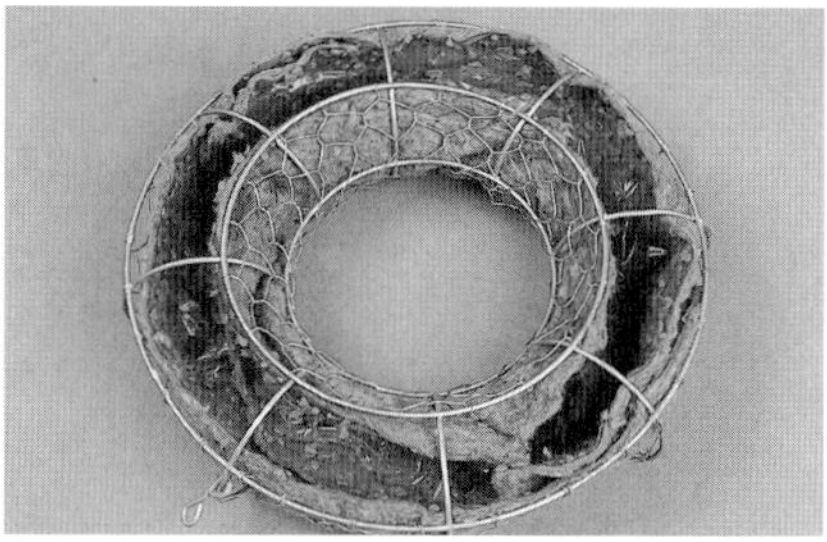

②専用シートが容器の縁ぎりぎりで終わるよう調節し、ワイヤーの外側にぴったりつけて中の空間をなるべく増やす。

③緩効性肥料を混ぜた土を2～3cm入れる。土の容量が少ないので鉢底石は入れない。

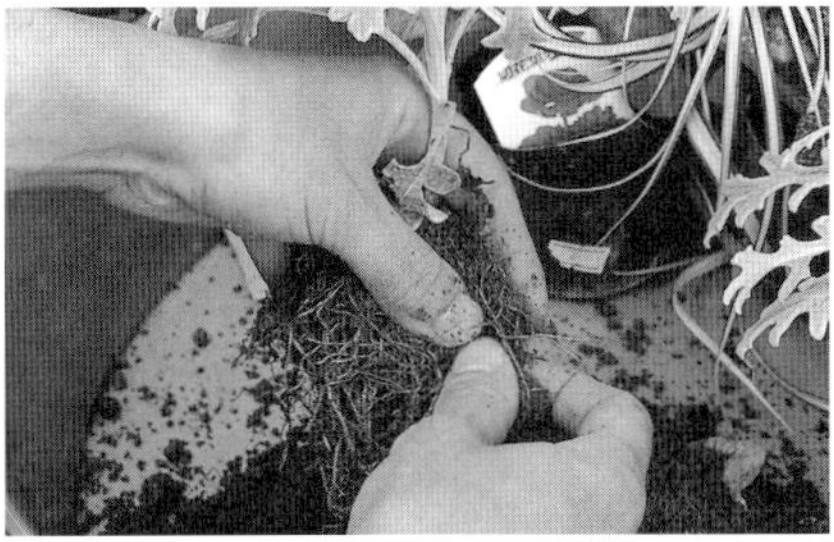

④苗の根鉢をやさしくほぐしながら土をできるだけ落とす。

⑤容器に深さがないので、根が多いと植えにくい。そのときは根の先をハサミで切る。

⑥ワイヤーのポケット1つに苗1つを目安に植える。根元が深く入りすぎないように注意。

⑦ベアグラスは株分けする。根鉢の土をある程度落としたら、株の中央から、根元にハサミで切込みを入れる。

⑧両手で株を2つに裂き、それぞれ植え付ける。

⑨株と株の間に土をしっかりと入れる。指や棒ですき間を確かめながら、すき間なくできるだけたくさん入れる。

⑩湿らせた水ゴケを表面に敷き詰めて完成。活性剤入りの水をたっぷりかけ、2～3日は横に寝かしたまま養生させる。

病害虫の予防と対策

◆病害虫は少ない、予防が肝心

ハンギングバスケットは、普通の地植えの植物に比べると病害虫の発生は少ないといえます。地上から離れた場所に掛けたり、吊るしたりして育てるため、土が跳ね返ることもなく、風通しもよいからです。とくに晩秋から冬の間はほとんど被害はありません。

しかし、春になると新芽を食べるアブラムシやハダニが付いたり、ナメクジやアオムシが発生します。梅雨から夏にかけての高温多湿の時期はウドンコ病、灰色カビ病等のカビ類が植物に被害を与えることもあり、対策が必要となります。

まずは、植物の好む環境をつくり、適切な管理をし、健康に育て、病虫害を予防するコツをおぼえましょう。

Check! 病虫害予防のポイント

①よい苗を選ぶ
苗を購入する際、すでに病気や害虫にやられていないかじっくりチェック。植え付ける際も、ナメクジや虫がついていないか確認をする。

②清潔な土を使う
庭土や古い土を使うと、土の中に病原菌のもとになるものが含まれている場合があるので、新しい土を使う。

③なるべく雨に当てない
日照が少なく雨が長く続く時期は植物が蒸れ、カビや病原菌の発生の原因となるので、雨の当たらない軒下に移動する。

④花がら、枯葉をまめに処理
花がらや枯葉は放っておくと病気のもとに。こまめに取り除く。

⑤風通しよく切り戻し
葉ものが込み合ってきたら、風通しがよいように枝すかしや切り戻しをする。

⑥追肥は控えめに
肥料（特に窒素分の多い肥料）を施しすぎると植物が軟弱になり病害虫が発生しやすくなる。とくに追肥は必要最小限に使う。

⑦よく観察して早めに対処
病虫害は広がってからでは手遅れになることも。毎日水やりのとき、全体の様子や葉裏などを軽くチェックし、病虫害にやられた部分は早めに取り除く。

ハンギングでよく見る病害虫

アブラムシ
春先～秋にかけて新芽や花、葉の裏につくゴマ粒ほどの虫。植付けのとき土にオルトラン粒剤を混ぜておくと予防効果がある。

ナメクジ
夜中に柔らかい葉を食べつくす。夜間、懐中電灯を片手にチェックをし、割り箸などで取り除く。ナメクジ専用の駆除剤もある。

薬剤で対処する場合

おもな薬剤のタイプ

薬剤のタイプは主に
3つありますが、育てている
植物がそれほど多くないなら、
スプレーするだけでよい
②のタイプが手軽で
おすすめです。

①希釈して使うタイプ
液体でビンに入った乳剤や液剤、粉が袋に入っている水和剤がある。噴霧器や霧吹きに入れて使う。植物が多いときは経済的。

②そのまま散布する液体タイプ
限られた少量を散布するには便利。スプレー式とエアゾール式があり、殺虫と殺菌を兼ねるものもある。エアゾール式は近い距離から与えると植物が冷害をおこすので、少し離してスプレーする。

③土にまく、混ぜるタイプ
土に混ぜて植物に吸わせ、植物を食べたアブラムシやハモグリバエなどを殺す浸透移行性タイプ、土の上に置いてナメクジやネキリムシなどを誘引し殺虫するタイプがある。

薬剤を散布する場合の注意点

病気や害虫がひどいときは、
薬剤を使うと効果的に
改善することができます。
ただし人体へ害になる可能性も
あるので、必ず、使用上の注意を
よく読み安全に使いましょう。

①希釈するタイプの場合は、希釈濃度を厳守!
希釈する場合、規定の濃度をきちんと守る。ただし薄めすぎると効果はなくなる。

②天気をチェック
風のない、曇りの日の午前中または夕方がベスト。風が強いと薬剤が飛び散りやすく、日差しの強い日中は薬害が起こりやすいので避ける。雨の前日も効果が半減するので×。

③周囲に気を配って
子供やペットのそばでは散布しないように。また、ベランダなどで使用する場合は、大型のビニール袋でハンギングを覆ってその中で薬剤を与えるようにすると、飛び散るのを防げる。

④自分の身も守る
帽子、マスク、手袋、メガネをつけて長袖の服を着用し、皮膚に薬剤がつかないよう気をつける。

⑤やるなら徹底的に
表面だけふわっとかけても効果は少ない。とくに害虫は葉裏についていることが多いので、葉裏までしっかり散布。

使い終わった土の再生

◆新しい土をいつも使うのが基本

ある作品の観賞が終わって、解体した後の土はどうしたらよいでしょうか。こうした土は粒が崩れ、通気性や排水性が悪くなっていたり、養分のバランスが悪くなっていたり、病気の菌や害虫の卵が入っていることがあります。

ハンギングバスケットは用土の量も限られ、しかも長期間観賞するので、土の影響がとても大きいです。用土は常に最良のものを使いたいものです。病害虫がなく清潔で、有機質が多く含まれ肥沃であり、団粒構造の崩れていないしっかりした土、つまり新しい培養土をいつも使うようにしましょう。古土はハンギングバスケットには使わないほうが無難です。

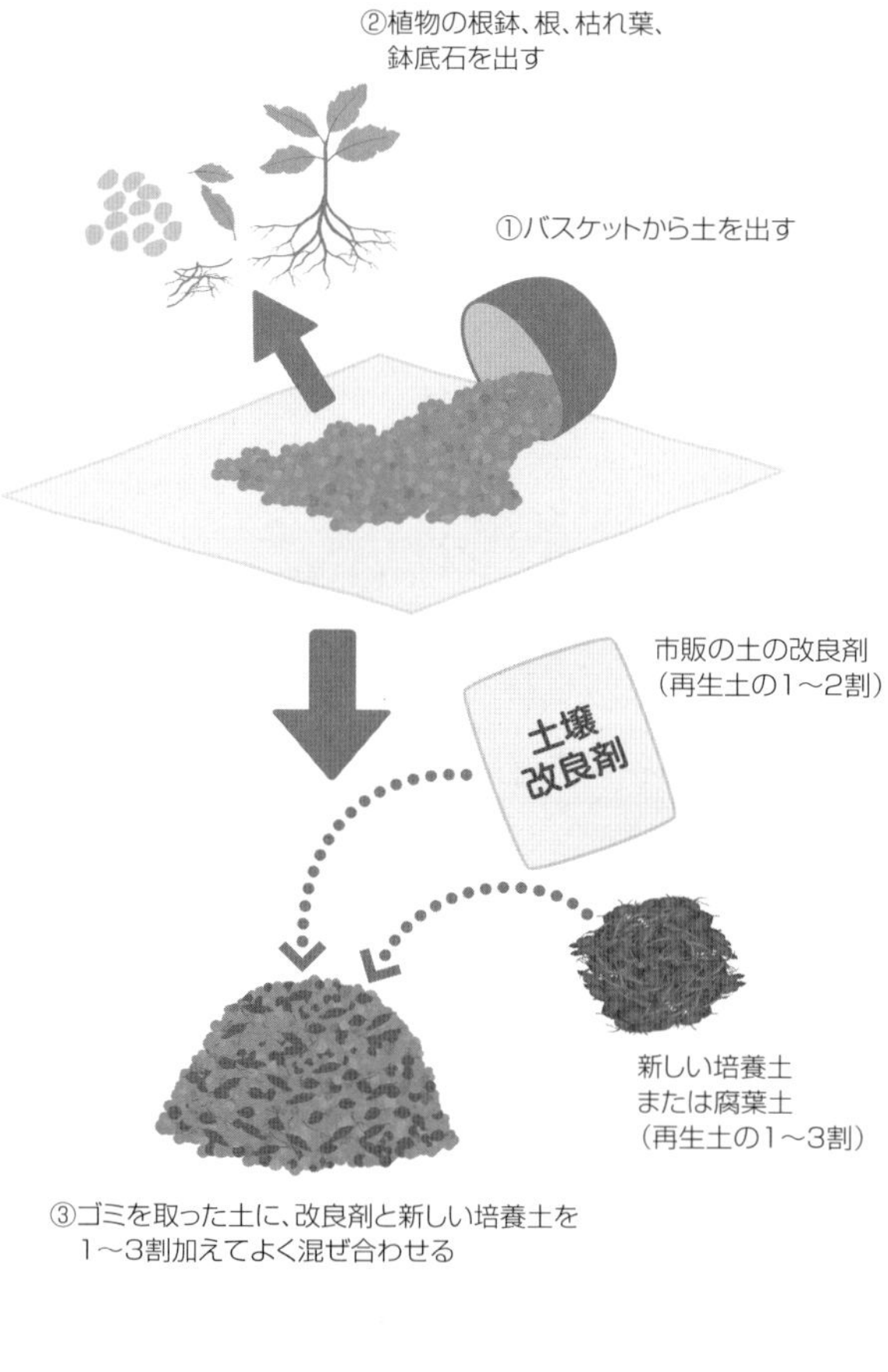

①バスケットから土を出す
②植物の根鉢、根、枯れ葉、鉢底石を出す
市販の土の改良剤（再生土の1～2割）
土壌改良剤
新しい培養土または腐葉土（再生土の1～3割）
③ゴミを取った土に、改良剤と新しい培養土を1～3割加えてよく混ぜ合わせる

◆古い土も再生して別の用途に使う

とはいえ、一度使っただけの古土を捨てるのはもったいないことです。しっかりと再生させれば、ハンギングバスケットには無理でも、庭土や花壇、大きなコンテナガーデンなどに使うことができます。

簡単な再生法としては、右の図のように、ゴミを取り除いて土の改良剤や腐葉土を混ぜるやり方があります。害虫の卵や病気の菌の残留が心配な方は、暖かい時期に太陽熱消毒をしておくとよいでしょう。やり方は、土を湿らせビニールに入れて密閉し、日光に30～40日ほど当てます。その後に、土の活力剤や腐葉土を加え、通気性や排水性を改善して再利用します。

留守中の水やり対策

◆日陰に置き十分な乾燥対策を

水やりは毎日するのがベストなのですが、旅行などで1～2日ほど、どうしても水を与えられない場合があります。そんなときの対処法を紹介しましょう。

まず、飾っている日当たりのいい場所からおろし、日陰に退避させます。こうすることで植物のエネルギー代謝活動を緩やかにさせ、乾燥を遅らせることができます。そして、出かける前にたっぷり水をあげて、濡れている新聞紙を土の上にのせたりして、少しでも乾燥を防ぐようにします。ただし、あくまでも一時対策なので、日陰に長期間置くことはおすすめしません。

また、ペットボトルの先に水やり専用の小さな穴をあけた栓を付け、逆さまにして土中にさしておくことで、水が補給される方法もありますので、いろいろ試してみるのもいいでしょう。

便利なタイマー付自動水やり器

ハンギングバスケットをはじめ、花と緑を育てていると、毎日の水やりを欠かすことはできません。でも、できれば旅行に出かけたいこともあります。そんな時、ご近所に水やりをお願いできればよいのですが、それも無理という方には家庭用のタイマー付自動水やり器をおすすめします。

最近は、一般家庭用で手軽に使え、求めやすい価格のものが出ています。タンクから出る細いノズルをひと鉢ずつ土に差し込んで使います。タイマーがセットされていて、水道の蛇口に取り付け、希望の時刻、時間で水やりできるもの、また近くに水道栓がなくても使えるタンク式のものなどあります。ともにコンセントの必要もなく、乾電池で動きます。ノズルから出る水の量をあらかじめ確かめて、水加減を調節しておきましょう。

大きい容器の作品の場合、水の出るノズルを2本差し込んだ方がよいときがあります。

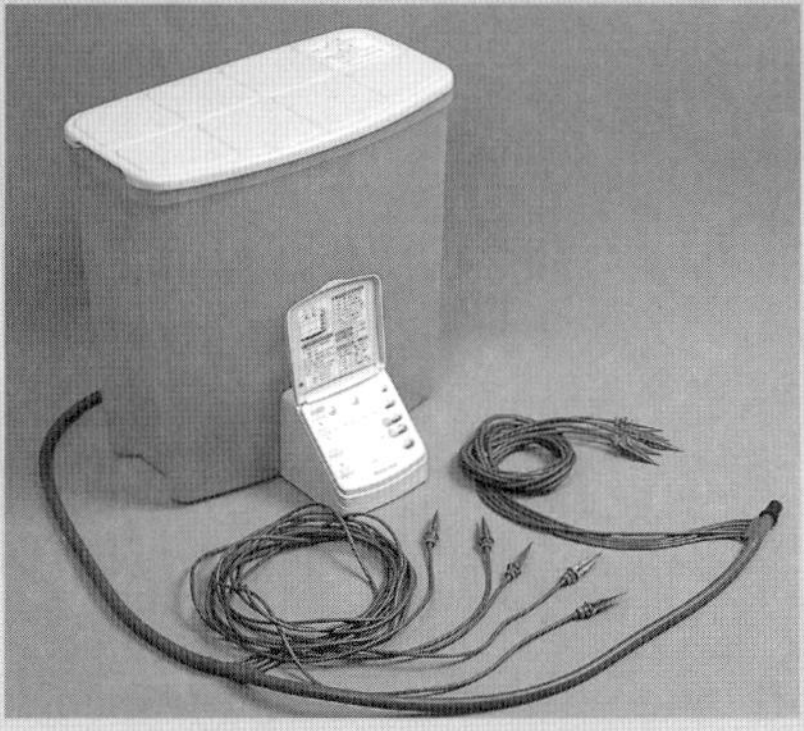

家庭用自動潅水装置。タンクに水をためておくタイプ。近くに水道栓がなくても使え、ひとつで10鉢に水やりできる

植物を横向きにするとどう育つ?

◆誰も教えてくれない、横にしたときの伸び方

容器の側面に苗を植える手法は、ハンギングバスケットならではです。90度横に倒したときどう生長していくのかは、植物によってさまざまです。

太陽に反応して茎からぐんと上を向く植物、花首から先だけが上を向く植物、まったく反応せず横にひろがったり下垂する植物など、思わぬ個性を見つけることがあります。

ハンギングバスケットは、その植物が植えてからどのような形にふくらんでいくのか、将来の姿を予想しながら植えていきます。はじめてハンギングバスケットに使う植物は、植え付ける前に数日間でも、下のように横に倒して生長の仕方を観察してみるとよいでしょう。

実験! 3種の植物を横にして育ててみたら…

◇ベアグラス～変化なし◇

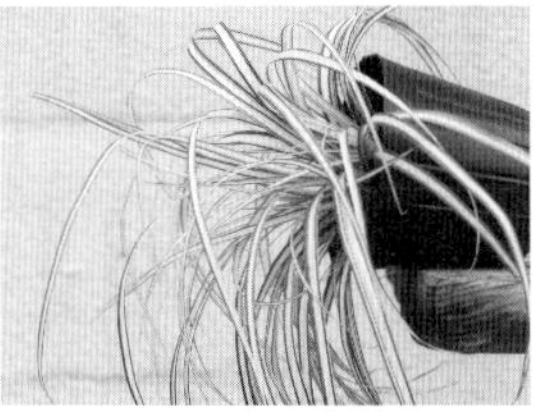

横にした直後

1週間後、まったく姿は変わっていない。

[側面に植えても形が変化しにくい植物] ワイヤープランツ、ツルニチニチソウ、リュウノヒゲ、カレックス、イポメア、アイビー、ギボウシ等

◇ペンタス～花首が反応◇

横にした直後

1週間後。茎の途中までは変わらず、花首から上だけが起き上がった。

[先だけがやや起き上がる植物] セロシア、ヘリクリサム、サルビア、ゼラニウム、アンゲロニア等

◇コリウス～敏感に反応!◇

横にした直後

1週間後。茎が大きく真上に起き上がった。コリウスは数時間横にしておくだけで太陽のある方向へ曲がる。

[上に立ち上がって伸びていく植物] パンジー、ビオラ、ベゴニア、インパチェンス、ジニア、ペンタス等

同じ植物でも、新芽や花・穂など若い部分ほど上に立ち上がる反応が敏感です。
また、側面下部に上に立ち上がる植物を植えると容器の下部がむき出しになることがあるので、下垂する植物とうまく組み合わせましょう。

球根でバスケットを2倍楽しむ

◆春を告げ、感動を与える秋植え球根

球根には春植え、秋植えと植える時期によって種類が分かれますが、ハンギングバスケットにはチューリップやスイセンなど扱いやすい秋植え球根をおもに使います。

球根から芽が出て花が咲く時、それまでのハンギングバスケットがより華やかさを増し、春が来たことの喜びを満喫することができます。

球根はもともと花を咲かせるための養分をたくわえているため、栽培は簡単。ここでは、ハンギングバスケットでよく使われる代表的な秋植え球根をご紹介します。秋に耐寒性のある植物（パンジー、ビオラ、プリムラなど）をメインにして作製するとき、ぜひ一緒に植えてみてください。

Check!

ハンギングバスケットで楽しむ球根の植え方のコツ

①暑いと腐る可能性があるので、日中の気温が25度以下になってから植える。

②とがった方を上にし、背が高く生長するものはぐらつかないよう深く植え、背が低いものは浅く植える。

③球根の芽が伸びることができないので球根の真上には、決して植物の苗を植えない。

④球根と球根同士の間隔が狭くても大丈夫。むしろ密集させるとより華やかさを出すことができる。

⑤秋植えの球根は秋から冬にかけて植え、一定期間寒さを感じることによって花が咲く。植える時期は10月下旬〜年内中が最適。

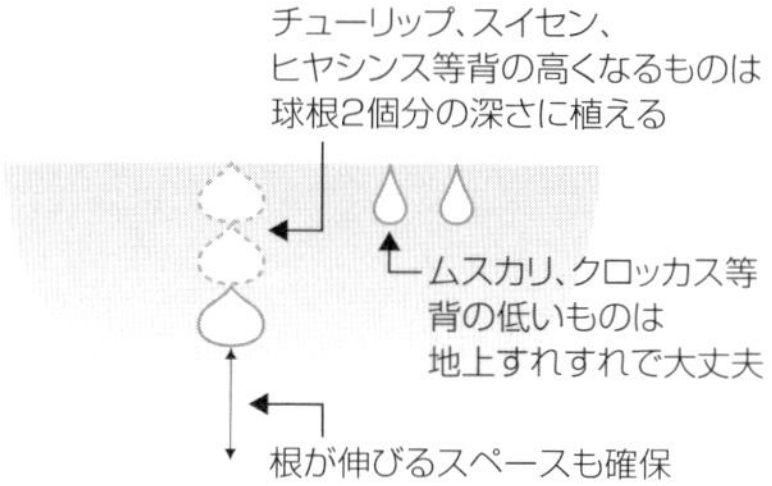

チューリップ、スイセン、
ヒヤシンス等背の高くなるものは
球根2個分の深さに植える
ムスカリ、クロッカス等
背の低いものは
地上すれすれで大丈夫
根が伸びるスペースも確保

球根の真上には
決して苗を植えない
芽が出せ
ないよ

上があいていれば
横はせまくても平気!

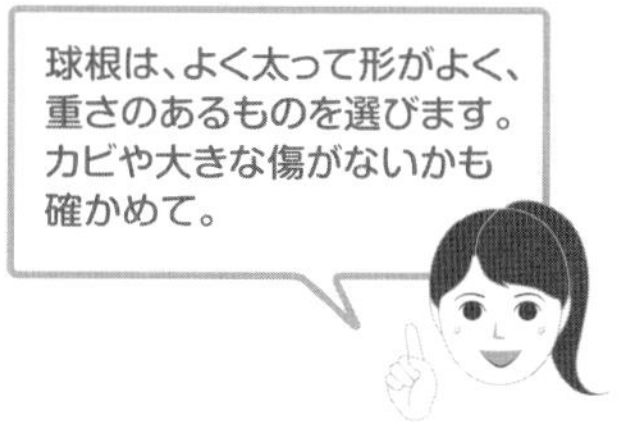

球根は、よく太って形がよく、
重さのあるものを選びます。
カビや大きな傷がないかも
確かめて。

ハンギングバスケットで楽しめるおすすめの秋植え(春咲き)球根
植え付け時期の目安:10月下旬〜年内中

チューリップ
色・姿形が豊富で、毎年、挑戦したくなる!

種類は3500品種以上あると言われ、開花時期も早生種の3月下旬頃咲き出すものから晩生種の4月下旬の頃に咲き出すものまで幅がある。また、背丈は30cm前後の高さのものが主流だが、原種系で15cmほどのチャーミングなミニチューリップもある。ミニはハンギングの上部前面に植えると効果的。生長したときの姿・花の形・色を確かめて選ぶこと。

スイセン
凛とした姿が魅力的

大輪・小輪、八重咲き・一重と大きさ、咲き方の種類が豊富。開花時期も品種によってさまざまで、12月頃から翌年4月頃まで。おもに黄、白の花色で、草丈は30〜40cm。

ヒヤシンス
ボリューム感と香りNO.1!

花が咲くと甘い香りがあたり一面に広がり、春の訪れを実感できる。球根は水耕栽培用の大きなものとガーデン用のやや小さいものがあるが、ハンギングバスケットにはガーデン用の球根でよい。白、赤、紫、ピンク、黄色と色も豊富。草丈は20〜30cm。

ムスカリ
小さなぶどうのような花が魅力

爽やかでかわいらしい花で、チューリップとのペアが定番。球根が土から顔を出すくらい浅植えでも大丈夫。ただし、早く植えると葉だけが伸びてくるので気温が下がってから植え付けるように。色は白、ブルー。開花は3月〜4月。草丈は10〜15cm。

クロッカス
いち早く春を告げる可憐な花

細い葉とぷくっとした花がかわいらしい。早春から咲き始めるが、秋咲きの品種もある。花色は白、黄、紫で花びらにストライプの入るモダンな花模様もある。開花期は2〜3月。草丈は低く10〜15cm。

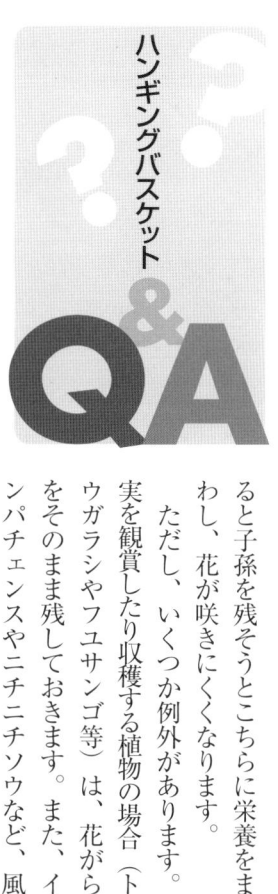

ハンギングバスケット Q&A

Q1 培養土に〝元肥入り〟と書いてある場合も緩効性肥料は入れますか？

A1 〝元肥入り〟と書いてある場合も、メーカーによっては肥料がごく少量しか入っていない培養土もあります。緩効性肥料なら多少多くても害は出にくいので、元肥入りの土にも、少なめに入れておいた方が確実です。

Q2 花がら摘みはすべての花でしないといけないのでしょうか？

A2 基本的には必要です。花がらをそのままにしておくと病害虫の発生に繋がるおそれがあり、また種をつけると子孫を残そうとこちらに栄養をまわし、花が咲きにくくなります。

ただし、いくつか例外があります。実を観賞したり収穫する植物の場合（トウガラシやフユサンゴ等）は、花がらをそのまま残しておきます。また、インパチェンスやニチニチソウなど、風などで花びらが自然に落下するものもあり、花がら摘みを必要としない、ローメンテナンスの花といえます。

Q3 植物の〝顔〟がよくわからないのですが？

A3 もともと園芸店でその植物を育てていた際に、陽射しを受けていた方向が花の「顔」です。この面を正面にして植え込むと、作った直後からある程度花の向きが一定で整った姿のバスケットになり、すぐ観賞できます。

ただし、たとえ顔の向きが違っても、完成してから数日たつうちに、太陽の陽射しを受けて自然にひとつの向きに全体がまとまるので、神経質になる必要はありません。

Q4 どの苗も根鉢を崩して植えますか？

A4 植物によって、季節によって柔軟に対応しましょう。マメ科やスイートアリッサムなどのアブラナ科など、移植を嫌う植物は根を極力落とさずに植えます。また直根性の植物（アイビーやニチニチソウなど）も根を切ることを好みません。また、真夏と真冬は根の再生力がおとろえるので、強く根鉢を崩さないようにしましょう。

基本的に、どの植物も必要以上に根を傷つけないようにやさしく扱うことが原則です。根が傷つくと、植えてから回復して生長をはじめるまで長い時間がかかってしまいます。

根鉢を崩すというより、新しい土になじませるために根鉢の土を少し落とすつもりで。根が長すぎたり老化して茶色いところだけはハサミで除きます。

Q5 お気に入りの葉ものを増やしたいのですがどうすればいいですか？

A5 葉ものを増やすには、手軽な方法として挿し芽があります（左の図を参照）。切り戻しで切り取った茎も挿し穂として使えます。植物に負担のかからない春か秋に行ないます。

また、リュウノヒゲやベアグラスなどの多年草は、1つの苗を2～3つに株分けして植えることができます。株元から根鉢に向かってハサミで切込みを入れ、手でそれぞれ切り離して使います。

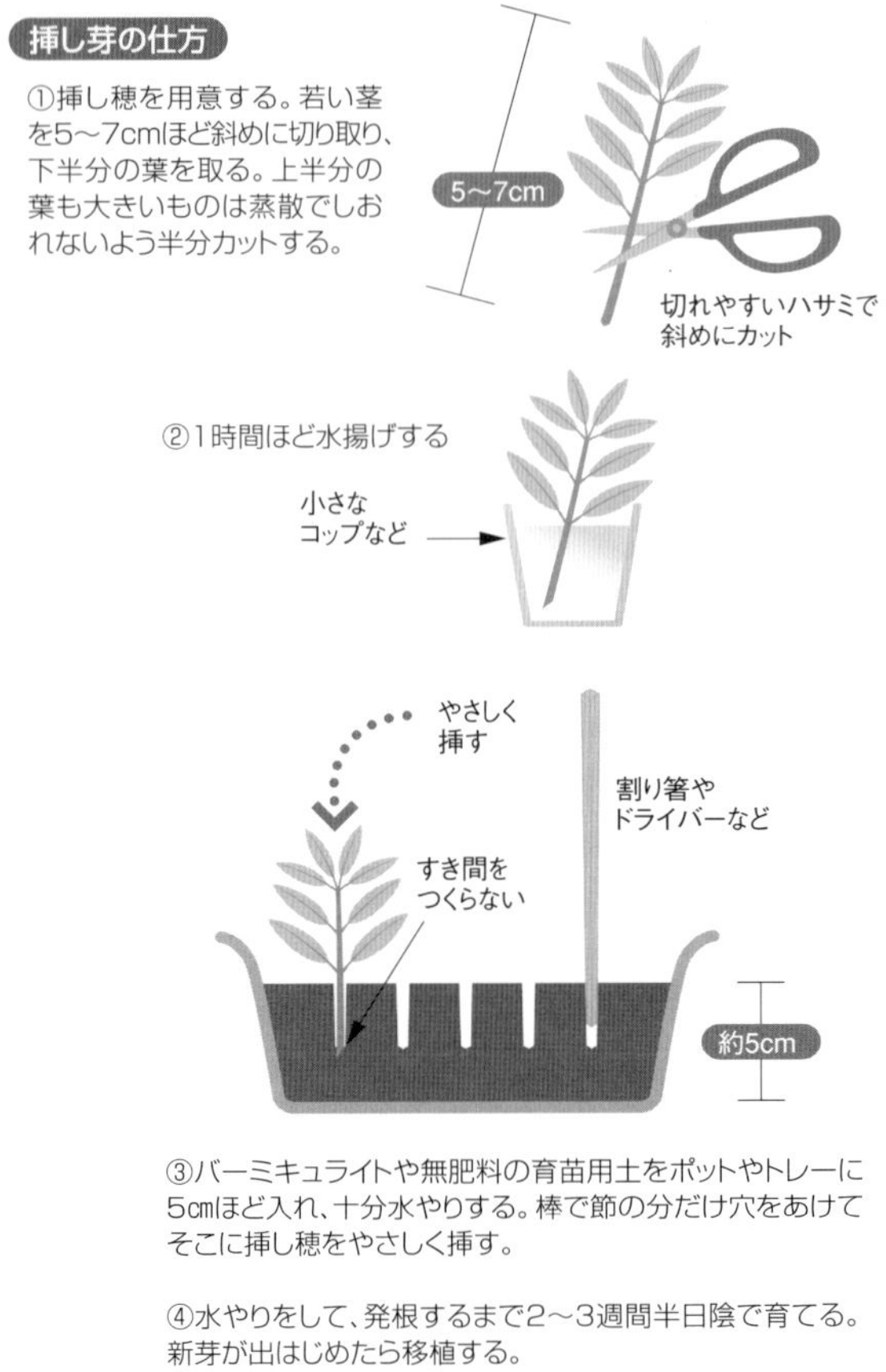
挿し芽の仕方
①挿し穂を用意する。若い茎を5～7cmほど斜めに切り取り、下半分の葉を取る。上半分の葉も大きいものは蒸散でしおれないよう半分カットする。
5～7cm
切れやすいハサミで斜めにカット
②1時間ほど水揚げする
小さなコップなど
やさしく挿す
割り箸やドライバーなど
すき間をつくらない
約5cm
③バーミキュライトや無肥料の育苗用土をポットやトレーに5㎝ほど入れ、十分水やりする。棒で節の分だけ穴をあけてそこに挿し穂をやさしく挿す。
④水やりをして、発根するまで2～3週間半日陰で育てる。新芽が出はじめたら移植する。

Q6 作製した作品を養生させる〝半日陰〟とはどのような環境のことですか？

A6 大きく2つの環境のことをいいます。

①朝だけもしくは午後だけ一日のうちの半分、日に当たる環境。

②大きな木の下のような木漏れ日の光が当たり、明るい日陰状態の場所。

Q7 ハンギングバスケットを習いたいのですが、どこで教室をやっていますか？

A7 全国のハンギングバスケットマスターが講習会、教室を各地域で行なっています。日本ハンギングバスケット協会事務局でお近くの教室をご案内していますので、お問い合わせください（連絡先は86ページを参照）。

Q8 室内でも楽しめるハンギングバスケットはできますか？

A8 多肉植物や観葉植物を使えば、室内用ハンギングバスケットができます。

それぞれ適する環境を考えてあげて、育てるようにしましょう。ただし、水やりの際には、一度外に出して、水をしっかり与え、水の雫が切れてから室内に取り込むようにしましょう。

日陰（室内）でも楽しめるカランコエのバスケット

- a1 カランコエ（赤）……………………… 2株
- a2 カランコエ（ピンク）………………… 2株
- a3 カランコエ（黄）……………………… 2株
- b ペペロミア ……………………………… 2株
- c リュウノヒゲ（黒竜）（2つに株分け）‥ 1株
- d ミセバヤ ………………………………… 1株
- e ホセ・カルノーサ ……………………… 2株

［レイアウト図］

側面　天部

独自の進化を遂げた日本のハンギングバスケット

イギリスではじまり、長い歴史のあるハンギングバスケット。日本に本格的に普及したのは1990年に大阪で行なわれた「国際花と緑の博覧会」以降です。はじめはイギリスの手法の模倣からはじまり、さまざまな事情から独自の発展を遂げてきました。

春から夏にかけてのイギリスは、温暖でカラッとした気候。人々は春先から幼苗を植えたハンギングバスケットを温室でじっくり育て、初夏から外に出し街中に飾ります。対して日本の夏は高温多湿で、植物は蒸れによる病気、夏バテ、多種類の害虫に悩まされます。イギリスのように幼苗から育てても、途中で生育が悪くなり失敗することも多々ありました。

そこで日本では、独自のハンギングバスケット容器が開発されました。側面にスリットの入ったプラスチック製容器です。これならある程度育った苗を、根鉢を大きく崩すことなく植えられ、植えてすぐに観賞することができます。初心者にも手軽にでき、しかも失敗が少ないことから急速に普及し、日本のハンギングバスケット技術の向上に貢献してきました。イギリスでは、今でも伝統的なアイアンのワイヤー製容器が主流です。

さらに、イギリスでは初夏〜夏の期間のみハンギングバスケットを楽しむのですが、日本では春、夏、秋、そして冬まで、それぞれの季節にハンギングバスケットがつくられているのも特徴のひとつです。四季おりおりの季節を大切にする日本人ならではの感性を生かし、季節感あふれる山野草等多彩な植物を使います。伝統的な生け花のデザイン技法、冬でも関東以西ではパンジー・ビオラなどの耐寒性のある草花が育つ気候条件も巧みにハンギングバスケットに生かしています。

日本ハンギングバスケット協会（Japan Hanging Basket Society：JHBS）とハンギングバスケットマスターについて

日本ハンギングバスケット協会は、日本でのハンギングバスケットの普及を目的とし、優れた指導者および技術者を養成する組織として、1996（平成8）年3月に発足しました。ハンギングバスケットに関するあらゆる情報を収集、提供し、年1回「ハンギングバスケットマスター」資格認定試験を行なっています。自宅で飾って楽しむだけでなく、花の街づくりのシンボルとしてハンギングバスケットが活躍することを大きな目標としています。

ハンギングバスケットマスターは、「ハンギングバスケット、コンテナ園芸など装飾園芸技術に関する調査、研究の指導と会員の親睦、その他装飾園芸による我が国の園芸普及と花の街づくりの推進に寄与することを目的」（日本ハンギングバスケット協会会則）としており、2006年現在、約1700名ほどのマスターが全国で活躍しています。自宅やカルチャースクールでハンギングバスケットやコンテナガーデンの寄植え教室を開いているマスターも多く、県や地域ブロックでまとまって支部をつくり、県や市の要請を受けて講習会を開いたり、地域や企業のイベントとしてハンギングバスケットのコンテストを開催するなど、マスターの活躍にはめざましいものがあります。ハンギングバスケットの普及のみならず、今後の街づくりにも大きな役割を果たすことが期待されています。

ハンギングバスケットマスターになるためには、園芸の基礎知識はもちろん、ハンギングバスケットの専門知識、情報、作製する上での技術力も兼ね備えておく必要があり、資格試験では学科と実技双方の試験があります。両方に合格すると、英国王立園芸協会日本支部よりマスターの称号が与えられます。現在、日本ハンギングバスケットマスター認定試験は毎年8月下旬～10月下旬にかけて、東日本、中日本、西日本の3ヵ所で実施されています。

ハンギングバスケットのレベルアップをしたい方、また、より深く園芸についての知識と技術を学びたい方、ハンギングバスケットマスターの資格にチャレンジしてみませんか。詳しくは、日本ハンギングバスケット協会事務局へお問い合わせ下さい。

日本ハンギングバスケット協会
〒470-0124 愛知県日進市浅田町平池69-3 ARスカイライフ503号
TEL 052(807)2751 FAX 052(807)2765
http://www.jhbs.jp E-mail jhbs@jhbs.jp

あとがき

子育てに追われる中、植物を育てる楽しさを少しずつ感じはじめ、時間があれば園芸関係の本を開いていたある日、ページに大きく写された色あざやかで美しいハンギングバスケットが目に止まりました。その瞬間、目の前で花火が上がったような大きな衝撃と感動を受けたことを、今でも鮮明に覚えています。「こんな美しい花飾りを私も作ってみたい！　この感動を皆に伝えたい」。ただそれだけの思いからはじまり、あっという間の10年が流れていきました。この間、様々な多くの方との出会いがあり、ともに活動する仲間を得て、なんといっても、ハンギングバスケットの面白さ、素晴らしさを伝える仕事に携わることができるようになりました。今までに出会い、ご指導いただいた全ての方、そして支えてくれた家族に、感謝の気持ちでいっぱいです。

今、心を豊かにする花と緑のある暮らしはとても重要です。今後の新しい街づくりにおいて「ハンギングバスケット」の存在は必須であり、おしゃれで美しい「ハンギングバスケット」の素晴らしさをもっと世の中に発信していきたいと思っています。

最後にこの本を製作するにあたり、ご多忙の中、監修のお願いを快く受けてくださった日本ハンギングバスケット協会　武内嘉一郎常任理事に心より感謝申し上げます。

またあわせて、この一年以上もの長い間、構成を考え共に作業し、編集してくださった農文協書籍編集部にお礼を申し上げます。ありがとうございました。

上田奈美

２００６年10月

ハンギングバスケット専用容器 入手についての問合せ先

◆スリット式プラスチック製容器
(株)伊藤商事
〒567-0036 大阪府茨木市上穂積4丁目5番39号
電話 072(626)1048 FAX 072(625)1045
ホームページ http://www.itoshoji.co.jp/

◆リース型容器
大同クラフト(株)
〒507-0807 岐阜県多治見市生田町6丁目25番
電話 0572(21)6681 FAX 0572(23)9772

協力者一覧(敬称略)

◆撮影協力
大庭いち江
(25ページ右下写真「秋韻」製作。日比谷公園ガーデニングショー2005出展)
ガーデンセンターさにべる
(株)グリーン武内
河口湖オルゴールの森
国際バラとガーデニングショー事務局
日本橋三越チェルシーガーデン
久宗周子(丸の内仲通り、河口湖オルゴールの森ハンギングバスケット製作)
日比谷公園ガーデニングショー事務局
丸の内PR事務局
(東京ガーデンジュエリー2005「丸の内仲通りガーデニングショー」、
「丸の内仲通りフラワーギャラリー2006」)
横田悦子
(24ページ左写真「五月の風の贈り物」製作。国際バラとガーデニングショー2006出展)

◆写真提供
おぎはら植物園(28ページ「ロニセラ・レモンビューティー」)
小関園芸(28ページ「ヒペリカム・ゴールドフラッシュ」)
大同クラフト(8ページ、リース型容器)
武内嘉一郎(67ページ)
T. koyama(82ページ)
三橋理恵子(28ページ「ハニーサックル」)

植物名（別名）	分類	見ごろ［月］	草姿	耐寒性／耐暑性	特徴と使い方のポイント	掲載ページ
モクビャッコウ	常緑小低木	周年		中／中	葉の灰緑色は秋になるといっそう灰色が濃くなる。乾燥に強く、温暖地なら戸外でも冬越しできる。	38、53
や 行						
ヤブコウジ	常緑小低木	周年		中／中	冬に赤い実をつける正月に欠かせない木。葉の変わり品種が数多く出ている。半日陰でよく育つ。水切れさせない。	56
ヤブラン	常緑多年草	周年		強／強	斑入り品種をよく使う。初秋に紫色の花が咲く。水切れさせない。	53
ユーフォルビア・ダイアモンドフロスト	常緑低木	5〜10		中／強	純白の小さな苞が株一面に溢れ、次から次へと花が咲く。暑さや病気に強く管理は簡単で手間いらず。	52
ら 行						
ライスフラワー	常緑低木	4〜6		中／中	米粒のような白い細かい花を咲かせる。多湿にならないよう気をつける。	43
ラセンイ	常緑多年草	周年		強／強	茎がらせん状に捻れるイグサの仲間。湿り気味に管理。	51
ランタナ	常緑低木	5〜11		中／強	黄色や橙の花色が次第に濃く変わってゆく品種もある。乾燥に強く、過湿に弱い。	46、50
リシマキア・ヌンムラリア	常緑多年草	周年		中／強	丸い小さな葉をつけたつるがよく伸びる。初夏には金色の花が咲く。夏は涼しい場所で蒸れないように管理。	
レックスベゴニア	常緑多年草	4〜11		中／中	葉の美しい観葉ベゴニア。幅広い品種がある。日陰から半日陰の湿り気のある土を好む。	
ローズマリー	常緑小低木	周年		強／強	さわやかな香りがあり、料理などに使う。ほふく性と立性がある。丈夫で乾燥にも強い。	60
ロニセラ（ニティダ）	常緑低木	周年		強／強	暑さ、寒さに強く刈込みにも強い。	44、45 46、54
ロベリア	一年草	4〜10		強／中	半球状に小さな花が繰り返したくさん咲く。暑さに弱いが、夏に涼しく管理できれば秋まで咲き続ける。	
わ 行						
ワイヤープランツ	常緑小低木	周年		強／強	小さな葉がちりばめられるような繊細な印象を演出できる。丈夫で育てやすく、一年中使える。	37、41 42、44 54、55
ワイルドストロベリー	多年草	3〜7		強／中	小さな実を春先につけ、食べることもできる。育てやすい。	60

この植物リストは95ページからはじまっています。

植物名（別名）	分類	見ごろ［月］	草姿	耐寒性／耐暑性	特徴と使い方のポイント	掲載ページ
プリムラ（ジュリアン・ポリアンサ）	一年草	12〜4		強／弱	ポリアンサは大輪、ジュリアンは小輪。冬から春にかけて次々と花を咲かせる。花がら摘みをこまめに行なう。	39
プリムラ・メラコイデス	一年草	12〜3		強／弱	小花が房状に咲く。強い光に当てないと花の色がさえないので、日当たりで管理。	37
ブルーデージー	多年草	4〜10		中／中	青い小花をたくさんつける。真夏を除き春から秋まで花が咲く。過湿を避けて管理。	43
プレクトランサス	常緑ほふく性多年草	4〜10		弱／中	強光で葉焼けしやすいので、半日陰か日陰で水切れしないように管理。寒さには弱い。	47、48
ベアグラス	常緑多年草	周年		強／強	斑入りの細長い葉が美しい。株分けして使える。弱光と過湿に弱い。	43、45 47、49 51、55
ペチュニア	多年草	4〜10		中／中	多彩な花色がある。摘心を繰り返すと花数が増えて株も横張りになる。雨に当たると病気になりやすいので軒下で管理。	44
ペペロミア	常緑多年草	4〜10		弱／中	強い光で葉焼けしやすいので、半日陰か日陰で管理。渇き気味に管理。	28、85
ヘリクリサム	多年草	周年		中／弱	蒸れに弱いので土が乾いてから水やりを行なう。下葉が枯れやすいので切戻しを定期的に行なう。	34、43 44
ペンタス	多年草	5〜10		中／強	多彩な花色がある。多湿を嫌うので水はけのよい土を使う。光が不足すると花が少なくなるので日当たりで育てる。	50、52 56
ヘンリーヅタ	落葉性つる性低木	周年		強／中	生育旺盛で強健。新葉は赤く、成葉になるにつれて深緑になり、寒くなると全体が紅葉する。真夏は半日陰で育てる。	50、52 57
ま行						
マーガレット	常緑多年草	3〜10		中／弱	おもに春が花期だが、真夏と真冬を除けばいつでも花が咲く。花がら摘みをこまめに行なう。	42
マリーゴールド	一年草	5〜10		弱／強	アフリカン、フレンチの2種類。丈夫だが高温で花がつかなくなるので一度切り戻すと再び元気に咲く。	
ミスカンサス	常緑多年草	周年		強／強	白斑入りの細く長い葉が特徴。周年利用でき、耐寒性もある。株分けして使える。	33、48 54
ミニバラ	耐寒性低木	5〜10		強／中	春・秋ともに開花する四季咲き性の品種を選ぶと長く楽しめる。十分な日当たり、通気性のある土で育てる。	40
ムスカリ	多年草（球根）	3〜4		強／弱	育てやすく、一度植えると2〜3年は咲く。花が咲き終わると葉もしおれて休眠する。	35
メドーセージ	常緑亜低木	6〜11		中／中	長い穂を出し、濃い紫色の花をつける。早めに花茎を切ると再び開花する。高温多湿にやや弱い。	
メランポジウム	一年草	6〜11		—／強	花色は明るい黄。真夏でも次々に花がつく。多少の日陰でもよく育つ。花が咲き終わると枯れる。	50

植物名（別名）	分類	見ごろ［月］	草姿	耐寒性／耐暑性	特徴と使い方のポイント	掲載ページ
白竜（リュウノヒゲ）	多年草	周年		強／強	日陰でも育ち季節を問わず使えるので重宝。株分けして使える。初夏に紫色の花が咲く。	40、54 55
バコパ（ステラ）	多年草	4～11		中／中	乾燥、多湿両方に弱いので、排水のよい土でこまめに水やりする。真夏は切り戻して休ませると秋再び花が咲く。	42
ハゴロモジャスミン	常緑つる性低木	4～5		強／強	春に香りのある白い花がたくさん咲く。凍らない程度の寒さなら戸外で冬越しできる。水切れしないように。	43
バジル	一年草	5～10		弱／中	葉に香りとピリッとした辛味があり料理に使える。寒さには弱い。追肥と水やりをまめにするとよく茂る。	60
ハツユキカズラ	常緑つる性低木	周年		強／強	新葉がピンクから白に変わる。暑さ寒さに強く、1年通して使える。丈夫で半日陰でも育つ。水切れさせないように。	46、56 57
ハニーサックル	常緑つる性低木	周年		強／強	葉も観賞でき、5～9月には花が咲く。乾燥・多湿を嫌うので、水はけのよい土で乾いたら水やりをする。	28
葉ボタン	一年草	11～3		強／—	丸葉、縮緬葉などの形や大きさなど種類が豊富。暖かくなると中央部が急に伸びて黄色い花を咲かせる。	38、39
パンジー	一年草	11～5		強／弱	非常に豊富な花色がある。冬の間は薄い液肥をときどきやると花が次々咲くが、春からは自然にふくらむので追肥不要。	32、34 35、36 37、39
ビオラ	一年草	11～5		強／弱	パンジーより花が小さく花数の多い品種。	32、33 34、39 42
ヒペリカム	常緑小低木	周年		強／強	丈夫で強光でも育つが、半日陰のほうが葉色がいい。水切れしないよう管理。	36
ヒメツルニチニチソウ（ビンカミノール）	常緑つる性半低木	周年		強／強	ツルニチニチソウに似ているが、葉が小さく耐寒性も強い。半日陰でも育ち、春先に花をつける。	46
ヒヤシンス	多年草（球根）	2～4		強／弱	一定の寒さに遭わないと花が咲かないので、秋～冬に植え付ける。	82
ヒューケラ	常緑多年草	周年		強／中	葉ものとして観賞できるが、初夏に咲く花も多彩。	47
ピレア	常緑ほふく性多年草	周年		強／強	日が強すぎると葉やけを起こすので、半日陰程度が最適。多湿を好むので水切れを起こさないように。	51
フィットニア	常緑ほふく性多年草	周年		弱／強	白い網目の葉脈模様が特徴。半日陰を好む。乾燥をきらうので水切れしないように。	51
フクシア	常緑低木	5～7 9～11		中／中	真夏以外は花が次々に咲く。はじめに摘心を繰り返すと株が広がる。真夏は半日陰におく。	
フユサンゴ	常緑低木	9～12		強／中	秋から初冬にかけて丸い実を観賞できる。日に当てないと実が色づきにくい。果実は有毒といわれているので口にしない。	53
プラティーナ（クッションブッシュ）	常緑小低木	3～12		弱／中	銀白色の細い葉が密集してこんもり茂る。温暖で乾燥した気候を好むので水やりは土が乾いてから行なう。	37、40

植物名（別名）	分類	見ごろ［月］	草姿	耐寒性／耐暑性	特徴と使い方のポイント	掲載ページ
センニチコウ	一年草	7〜10		弱／強	夏の暑さに負けず次々と花をつけるが、寒さには弱い。花色は赤紫、ピンク、白等。高性種とわい性種がある。	45、52

た行

植物名（別名）	分類	見ごろ［月］	草姿	耐寒性／耐暑性	特徴と使い方のポイント	掲載ページ
チューリップ	多年草(球根)	4〜5		強／—	花の色、形など多彩な品種がある。秋から冬にかけて植え、春暖かくなると同時に急速に生長して開花する。	34
ツルニチニチソウ(ビンカマジョール)	常緑つる性植物	周年		強／強	斑入りの丸い葉がつる状に長く伸びる。半日陰を好むが日向でもよく育つ。株分けか挿し木で増やせる。	39、45
ツルマサキ	常緑低木	周年		強／強	耐陰性があるので半日陰や明るい室内に飾る作品にも使える。初夏に花が咲き、秋には薄紅色に紅葉する品種もある。	48、49 52
テイカカズラ	常緑つる性低木	周年		強／強	葉の色、形で多彩な品種がある。晩春に香りのある花が咲く。半日陰でもよく育つ。	38、52 54、56
ディフェンバキア	常緑多年草	5〜9		弱／強	耐陰性があり半日陰でもよく育つ。真夏の直射日光で葉焼けしやすい。乾燥で枯れやすいので水切れしないように。寒さに弱い。	51
デージー	一年草	12〜5		強／弱	多彩な花の品種がある。冬から春にかけて小柄な姿で咲き続ける。	
デュランタライム	常緑小高木	周年		中／強	ライム色の小さい葉が横に広がり美しい。日当たりを好み、光が足りないと葉の色がぼける。	46、48 49、51
トウガラシ	一年草	8〜10		—／強	観賞用は多彩な実の色･形がある。葉にも斑入りの品種等がある。日当たりを好み、日照が不十分だと実の色づきが悪い。	50、52 53、54

な行

植物名（別名）	分類	見ごろ［月］	草姿	耐寒性／耐暑性	特徴と使い方のポイント	掲載ページ
ナンテン	常緑低木	周年		強／強	秋に葉が赤く色づき、冬には赤い実をつけ風情がある。水切れしないように。半日陰でも育つが実つきが悪い。	38
ニチニチソウ	一年草(非耐寒性多年草)	6〜10		弱／強	高温、乾燥、強光の真夏でも花を次々に咲かせる。花びらが自然に落ちるので花がら摘みの必要がない。	45、46
ニューギニアインパチェンス	多年草	4〜11		中／弱	湿り気を好み、猛暑と寒さには弱いので、夏は半日陰で水切れしないよう管理。温度があれば花をつけつづける。	47、48 49
ネフロレピス（セイヨウタマシダ）	常緑多年性シダ	周年		中／中	日陰でもそだつ、丈夫なシダ。過湿を嫌うので土が乾いたら水やりをする。	46、51
ネモフィラ	一年草	4〜6		中／弱	横に広がる性質を持ち、小さな花をつける。雨に弱く、涼温、乾燥状態を好むので、高温多湿の夏の栽培には向かない。	

は行

植物名（別名）	分類	見ごろ［月］	草姿	耐寒性／耐暑性	特徴と使い方のポイント	掲載ページ
パイナップルミント	多年草	4〜11		強／強	アップルミントの斑入り品種で、葉は甘い香りがする。初夏に花が咲く。挿し木、株分けで容易に増やせる。	60
パキスタキス	常緑小低木	5〜11		中／中	黄色の花穂の苞に白い小さな花が咲く。15℃以上の温度があれば花が咲く。	51

植物名（別名）	分類	見ごろ［月］	草姿	耐寒性／耐暑性	特徴と使い方のポイント	掲載ページ
四季咲きベゴニア（ベゴニア・センパフローレンス）	多年草	4〜10		弱／強	強健で真夏でもよく生長する。姿が乱れてきたら思い切って切り戻しをすると、1月あまりでまた観賞できる。	
シッサスエレンダニカ	常緑つる性多年草	周年		中／中	切込みの深い濃緑色の葉が特徴。耐陰性があり、日陰や室内に飾るハンギングにも使える。挿し芽で容易に増える。	47
ジニア・プロヒュージョン	一年草	5〜10		弱／強	非常に花つきがよく、暑さにも強く育てやすい。白、橙、ピンクの色がある。	54、55
ジニア・リネアリス	一年草	6〜9		弱／強	乾燥・過湿どちらにも強く花つきもよい。黄・橙・白の色がある。茎は伸びると垂れ気味になる。	
ジャスミン	常緑つる性低木	5〜10		強／強	観賞用にはコモンジャスミンという品種が一般的。香りのある小さな白い星型の花を咲かせる。	56、57
宿根ネメシア	多年草	3〜7 10〜11		強／中	真夏を除き春と秋に花を咲かせる。夏の間は切り戻して株を休ませる。花色は白、ピンク、薄紫など。	42
宿根バーベナ（タピアン）	多年草	5〜10		強／中	咲き終わった花がらを摘むと次々と開花する。日当たりと水はけのよい土を好む。花が少なくなったら切り戻しをする。	
シルバーレース（シロタエギク）	常緑多年草	周年		強／中	シロタエギクの名でも流通している。葉の刻みが繊細で、白みを帯びた緑はどの花とも相性がよい。性質は丈夫で一年中使える。	33、34 35、38 39
シロタエギク	常緑多年草	周年		強／強	銀白色のフェルト状の広葉を持つ品種と、同じ葉色だが刻みの深い葉を持つ品種がある。どちらも耐寒性が強く冬の作品に重宝する。	37、39 41
スイートアリッサム	一年草	4〜5 9〜11		強／中	白、ピンク、薄紫、アプリコットなどの花色があり、こんもりと茂り、次から次へと開花する。真冬を除く秋、春に植付け、観賞できる。	34、36 37、39 41
スイセン	多年草(球根)	3〜4		強／—	日当たりと水はけのよい用土を好む。球根の植付けは10〜12月。4〜5年植え放しでも毎春咲く。	32、37
ステレオスペルマム	半落葉小高木	周年		中／中	耐陰性があり、明るい室内や半日陰で観賞できる。挿し木でも増やせる。	49
ストロビランテス	常緑低木	周年		中／強	夏は葉焼けの予防のため半日陰で管理する。花が咲くが、その前に切り戻すと葉を美しく観賞し続けられる。	50
スパティフィラム	常緑多年草	4〜10		弱／中	白い筒状の花が美しい。花は温暖な時期はいつでも咲く。夏は直射日光で葉焼けするので半日陰で管理。乾燥を嫌うので水切れさせない。	47、49 51
セダム	多肉植物	周年		中／中	日向〜半日陰と水はけのよい乾燥した用土を好む。生長が遅く、凍らせなければ越冬する。	58、59
セネシオ・レウコスタキス	多年草	周年		強／強	摘心を繰り返して花を咲かせないようにする。	42
ゼラニウム	常緑多年草	5〜11		中／強	花や葉の色が豊富で、葉に芳香のあるものや下垂するものもある。摘心を繰り返すと株がよく広がる。乾燥と日照不足を避ける。	44、52 53
セロシア	一年草	6〜9		弱／強	ケイトウの一種。横向きに植えると赤紫の穂は直角に立ち上がる。乾燥に強く、逆に過湿にすると株が弱くなる。	52

植物名（別名）	分類	見ごろ[月]	草姿	耐寒性／耐暑性	特徴と使い方のポイント	掲載ページ
カラジウム	多年草（球根）	5〜10		弱／強	サトイモの仲間。真夏は強い直射日光に当てると色があせてしまうことがあるので、明るい室内か半日陰で管理。	49
カラミンサ	多年草	6〜11		強／強	摘心を繰り返すとこんもり茂り、白い花が多くつく。夏は蒸れないよう枝透かしをする。ハッカに似た香りでハーブとして使える。	60
カランコエ	非耐寒性多年草	3〜10		中／強	多肉植物で、明るい室内でも観賞できる。乾燥に強く、過湿に弱いので水やりは控えめに。	85
カレックス	常緑多年草	周年		強／強	褐色・金色など多数の品種があり、どれも細く長い葉が美しい。強健な性質で、春と秋には株分けできる。	47、52
キバナコスモス	一年草	6〜11		弱／強	コスモスよりやや草丈が低く、黄・赤・橙等の花が咲く。耐寒性はないので秋に花が咲き終わると終了。	
ギボウシ	常緑多年草	4〜10		強／強	葉や花色の違いで多彩な品種があり、寒さに特に強く栽培しやすい。初夏に白や青の花をつける。	47
キャツラ	一年草	5〜10		弱／強	カーペット上に広がる。暑さに強く、日当たりと水はけのよい用土を好む。	53
球根ベゴニア	多年草	5〜10		弱／中	多彩な品種がありどれも豪華な花。強光で葉焼けを起こすので夏は半日陰の涼しい場所で管理。秋地上部が枯れて休眠する。	
キンギョソウ	一年草	5〜6		強／弱	多彩な品種がある。	
クリマンセマム・パルドサム（ノースポール）	一年草	11〜6		強／弱	白い小輪の花が冬から春にかけて長期間楽しめる。わい性で、花がら摘みをこまめにすると花が次から次へ咲く。	
グレープアイビー	常緑つる性多年草	周年		中／強	耐陰性があり、日陰に飾るハンギングにも使える。下垂するつる性植物で、1〜2回摘心をするとボリュームが出る。	46
クロサンドラ	常緑小低木	5〜11		弱／強	橙色の花が次から次へと咲き長期間観賞できる。夏は乾燥し過ぎないように。10℃以下の低温には耐えられない。	50
クロッカス	多年草	1〜4		強／—	秋植え春咲きの品種が主だが秋咲きもある。花が咲いた後、葉が黄色く枯れてから球根を掘り上げると再度秋に植えられる。	82
黒竜（リュウノヒゲ）	多年草	周年		強／強	日陰でも育ち季節を問わず使えるので重宝。株分けして使える。初夏に紫色の花ががさく。	38、52、56、57
コリウス	常緑多年草	7〜10		弱／中	色・形・大きさの違う多彩な品種があり作品の主役にもなる。乾燥するとすぐしおれるので、水切れしないように。挿し芽で容易に増やせる。	45、46、48、54、55、56、57
コルジリネ	常緑高低木	周年		中／中	多彩な品種があり、直線的なフォルムが全体のデザインを引き締める。夏は直射日光で葉焼けするので半日陰へ。冬は室内で管理。	46
さ行						
サラダ菜	キク科野菜	5〜11		中／中	レタスの一品種。乾燥すると葉が固く生長もにぶくなるため、水切れさせない。追肥を定期的に行なうと次々収穫できる。	60

ハンギングバスケット向き植物リスト

ここでは、本書の「四季の作品集」で紹介した植物を中心に、ハンギングバスケットに使いやすい植物を50音順に一覧にしました（掲載ページがないものは、本書で紹介していない植物です）。

【凡例】

［草姿］
…こんもりふくらみ、面をつくる植物
…直線的に上に伸び、広がりや大きさを演出する植物
…下に伸び、作品全体に動きや流れを作る植物

［耐寒性］
強…0℃でも耐えられる
中…5℃程度には耐えられる
弱…10℃以上でないと耐えられない

［耐暑性］
強…30℃以上、真夏の強光でも耐えられる
中…日よけをすれば夏越しできる
弱…夏越しが難しい

植物名（別名）	分類	見ごろ［月］	草姿	耐寒性／耐暑性	特徴と使い方のポイント	掲載ページ
あ 行						
アイビー（ヘデラ）	常緑つる性低木	周年		強／強	強健で使いやすい。葉の形や模様の違いで多くの品種が流通している。側面下部に最適。	32、35 39、40
アゲラタム	一年草	5～10		中／強	薄紫や白等のアザミ似の花がこんもりたくさん咲く。草丈が低く、病害虫も少ない。夏は少し日よけすると越しやすい。	
アネモネ	多年草	3～5		強／中	中　大柄で色鮮やかな花。色も豊富で一重咲き、八重咲きがある。根鉢を崩さず植える。	43
アメリカンブルー	ほふく性常緑多年草	7～10	 	弱／強	ほふく性のつるの先に青い花をたくさんつける。伸びたつるを切り戻すと株張りがよくなる。	
アルテルナンテラ	非耐寒性多年草	6～10		弱／強	黄色と赤色がある。草丈10～20cm程度。挿し芽で増やせるが、寒さには弱い。	46、50 53、56 57
アンゲロニア	多年草	6～10		中／強	真夏でも元気に咲く貴重な花。摘心を何回もすると花がたくさんつく。	50、53
イソトマ	多年草	5～10		中／強	真夏も星型の花を繰り返したくさん咲かせる。やや乾燥を好む。樹液でかぶれることがあるので注意。	
イタリアンパセリ	二年草	3～11		中／中	食用できる。収穫する際は、中心の葉を7～8枚ほど残しておく。乾燥に弱いので乾かさないように。	60
イベリス	半低木多年草	4～6		中／中	草丈20cmほどでこんもりと茂り、白い花を咲かせる。根が傷みやすいので根鉢を崩さず植える。	43
イポメア（サツマイモ）	多年草	5～11		弱／強	暑さに強く、夏は旺盛につるを伸ばすが、寒さには弱い。ライム、赤紫、レインボーなど多彩な色がある。	45、46 54、55 56、57
か 行						
ガーデンシクラメン	多年草（球根）	11～4		強／中	普通のシクラメンに比べて耐寒性があり、冬屋外で育てられる。移植と過湿を嫌うので根鉢をあまり崩さず球根部を地上に出して植える。	39

著者紹介

上田奈美［うえだ　なみ］

学習院女子短期大学卒業後、日本銀行に就職。出産を機に退職し、子育てにおわれる生活の中、植物を育てることの面白さ、ハンギングバスケットの魅力に感激し、皆にこの素晴らしさを知ってほしいとハンギングバスケットマスターの資格を取得（第一期生）。

日本橋三越本店チェルシーガーデンにて講師として園芸教室をもち、県・市主催の講習会をはじめとして、花と緑に関する様々なイベントを企画し出演。テレビ埼玉の園芸番組『ゆめ色ガーデン』では長年にわたり講師を務める。現在も3人の子供たちのパワーに負けぬよう、日々勉強の毎日である。

日本ハンギングバスケット協会理事。埼玉グリーンアドバイザーの会理事。

今日からはじめる ハンギングバスケット

長く楽しむつくり方とデザイン

2006年11月25日　第1刷発行
2007年 2 月28日　第2刷発行
著者　上田奈美

発行所　社団法人　農山漁村文化協会
〒107-8668　東京都港区赤坂7-6-1
電話 03（3585）1141［営業］
03（3585）1147［編集］
FAX 03（3589）1387
振替　00120-3-144478
URL　http://www.ruralnet.or.jp/

ブックデザイン 安田真奈己
本文イラスト　吉川信子
印刷　（株）東京印書館
製本　笠原製本（株）
ISBN978-4-540-06088-5
〈検印廃止〉